海南脱贫攻坚与乡村振兴
系列丛书

海南驻村第一书记
工作案例集

HAINAN ZHUCUN DI-YI SHUJI GONGZUO ANLIJI

主　编　曾纪军

副主编　蒋美玲　杨　燕

中国海洋大学出版社
CHINA OCEAN UNIVERSITY PRESS

·青岛·

图书在版编目（ＣＩＰ）数据

海南驻村第一书记工作案例集 / 曾纪军主编. — 青岛：中国海洋大学出版社，2020.4（2020.10重印）
（海南脱贫攻坚与乡村振兴系列丛书）
ISBN 978-7-5670-2452-6

Ⅰ. ①海… Ⅱ. ①曾… Ⅲ. ①农村–扶贫–工作概况–海南 Ⅳ. ①F323.8

中国版本图书馆 CIP 数据核字(2020)第 021548 号

出版发行	中国海洋大学出版社	
社　　址	青岛市香港东路 23 号	
邮政编码	266071	
出 版 人	杨立敏	
网　　址	http://pub.ouc.edu.cn	
电子信箱	1922305382@qq.com	
订购电话	0532-82032573（传真）	
责任编辑	曾科文　陈　琦	**电　　话**　0898-31563611
印　　制	青岛海蓝印刷有限责任公司	
版　　次	2020 年 4 月第 1 版	
印　　次	2020 年 10 月第 2 次印刷	
成品尺寸	170mm × 240mm	
印　　张	13.25	
字　　数	221 千	
印　　数	6001—6900	
定　　价	62.00 元	

发现印装质量问题，请致电 0532-88786688 调换。

《海南脱贫攻坚与乡村振兴系列丛书》
编写委员会名单

主　　　任：吴慕君　　　孔令德

常务副主任：温　强

副　主　任：张君玉　　　符成彦　　　官业军　　　尚世奇

　　　　　　曾纪军　　　黄惠清　　　莫少文

委　　　员：（按姓氏笔画排序）

　　　　　　汤　倩　　　孙铁玉　　　杨　燕　　　吴晓匀

　　　　　　胡献明　　　蒋美玲

序

"小康不小康，关键看老乡，关键看贫困老乡能不能脱贫。"党的十八大以来，以习近平同志为核心的党中央把脱贫攻坚摆到治国理政的突出位置，实施精准扶贫精准脱贫基本方略，加大扶贫投入，创新扶贫方式，推动脱贫攻坚取得历史性成就和决定性进展，贫困人口从 2012 年年底的 9 899 万人减到 2019 年年底的 551 万人，贫困发生率由 10.2%降至 0.6%，连续 7 年每年减贫 1 000 万人以上，谱写了人类反贫困历史上的辉煌篇章。

海南省委、省政府深入贯彻落实习近平总书记关于扶贫工作的重要论述，把脱贫攻坚与乡村振兴作为海南全面深化改革开放、建设自由贸易试验区和中国特色自由贸易港的基础工作和第一民生工程抓牢抓实，把打赢脱贫攻坚战作为实施乡村振兴战略的优先任务强力推进，到 2019 年底全省贫困发生率降至0.01%，提前一年基本完成脱贫任务，乡村振兴呈现新局面，为海南全面建成小康社会、加快建设自由贸易港打下了坚实基础。

习近平同志指出，办好农村的事，要靠好的带头人，靠一个好的基层党组织。海南坚持"五级书记一起抓"脱贫攻坚和乡村振兴，切实加强农村基层党组织建设，充分发挥驻村第一书记和乡村振兴工作队、驻村工作队的中坚作用，积极培育农村致富带头人，吸引乡村本土人才回流，为打赢脱贫攻坚战和实施乡村振兴战略提供坚强组织保障和人才保障。2018 年以来全省先后选派了 1 677 名驻村第一书记、2 758 支乡村振兴工作队和 8 583 名乡村振兴工作队员到农村工作。他们扑下身子，吃住在村，在广阔农村抛洒汗水、耕耘希望，取得累累硕果，为打赢脱贫攻坚战、实现乡村振兴做出了积极贡献。

《海南脱贫攻坚与乡村振兴系列丛书》，将奋战在海南脱贫攻坚与乡村振兴最前线的驻村第一书记、基层干部、农村致富带头人及其他优秀干部的事迹，以及帮扶工作、脱贫故事、致富经验等典型案例汇编成书，呈现扎根农村、开拓创新、自强不息、扶贫济困、共同富裕的思想与精神，展现驻村干部和基层干部的风采以及贫困群众精神面貌和生活状态的变化，总结提炼海南减贫模式、成效和经验，具有一定的纪实性、史料性、借鉴性与可复制性。希望通过系列案例集的编写，进一步讲好海南脱贫故事，以先进典型激励广大驻村干部、基层干部的积极性，激发广大农民群众的内生动力，鼓舞和动员全社会聚焦农村，形成推进脱贫攻坚与乡村振兴的强大合力，为加快建设海南自由贸易港做出新的贡献。

海南省委副书记 李军

2020 年 4 月 2 日

目 录 CONTENTS

细致入微察民情　高瞻远瞩谋发展

——海口市美兰区灵山镇爱群村驻村第一书记吴亚毅

人 物 名 片

吴亚毅，中共党员，本科学历，1981年生，海口市美兰区人力资源和社会保障局科员。2016年10月，被派到灵山镇爱群村担任驻村第一书记。

到任两年来，吴亚毅团结和依靠村"两委"班子，努力开展"双争四帮"工作，走村串户，调查研究，组织村"两委"班子外出学习考察，根据帮扶村特点，扬长避短，明确帮扶村发展方向和目标任务，明确工作中心，确定阶段性工作目标，分步实施，稳步推进，探索出一条适合帮扶村经济发展、村民致富的好路子。

村庄情况

灵山镇爱群村是海口市扶贫整村推进村，村委会下辖 10 个自然村 14 个村民小组，679 户、2 393 人，村"两委"干部 4 名。2012 年以前，全村人年均收入不足 1 600 元，被列为市、区贫困村。在各级政府帮扶下，2017 年实行扶贫整村推进后，始终认真贯彻执行"精准扶贫"，推进脱贫巩固提升，使全村经济大幅度增长，2017 年全村人年均收入达 12 758 元，实现建档立卡贫困户为 0 户，一举摘掉贫困村帽子。

主要做法

深入调查摸底

没有调查，就没有发言权。吴亚毅驻村后，与"两委"成员和小组长见了一次面。在听了他们的介绍和想法后，没有急于表态，更没有发表施政演说，而是每天一有空就走村串户，在田间地头、超市等人群聚集的地方，听村民聊天，与村民拉家常。主要就是问问家里几口人，几亩地，种什么，收入多少，有啥想法，希望村里能帮大家干点什么，等等。这位年轻的机关科员通过走街串巷，逐渐了解了村里的基本情况、民风民俗民愿。他还查阅资料，咨询专家，梳理工作思路。本村到底该发展什么？以什么为主业？围绕主线如何布局，如何推进实施？这些问题是他常常思考的。他知道，这些涉及村庄的长远发展和村民的切身利益，必须谨慎，一旦发展思路搞错了，主攻方向出了问题，那就是南辕北辙，出多少力都干不好。

探索脱贫致富之路

驻村时间久了，他发现村民敢闯敢为，走创业致富、产业帮扶的路子，可行！爱群村系海口市城郊，村民们从事的行业多种多样。全村有耕作地 1 604 亩，其中水旱田 820 亩，水源丰富，有利于发展种养业增加村民收入，达到脱贫巩固提升的目的。

吴亚毅积极带领村"两委"班子制定扶贫发展方案，在征求意见和建议的基础上，提出并撰写了《2017、2018年爱群村整村推进工作实施方案》，把市、区、镇的扶贫方案与本村的实际相结合，制定切实可行的方案，推进爱群村脱贫巩固提升。同时做专项调查摸底，组织"两委"干部深入各村民小组进行种养能人调查统计。通过区、镇政府同意，爱群村聘请了潘在雄、林声茂两位能人为爱群村的"田教授"，负责脱贫巩固提升的"传帮带"。村党支部、村委会与两位"田教授"一起研究爱群村种养业的发展实施方案。脱贫产业确定之后，村党支部组织"田教授"以及种养户对项目的发展进行全面策划和规划。

一是实地考察规划。组织村"两委"干部、"田教授"和种养户村民到田间地头进行种养规划，各种植户和养殖户明确了种植品种及养殖产业。

二是帮难解困。负责种植业指导的潘在雄在被聘为"田教授"前，因患重病手术花了6万多元，家庭重担落在了妻子一人身上，不久妻子也患重病在床，小儿子考上大学也需要学费，潘在雄的家庭经济一下子陷入困境。村委会通过各种渠道给他筹措3万元，解决了他的困难，让他全心全意投入"田教授"的"传帮带"工作。在潘在雄瓜菜技术栽培、管理的指导下，全村从2016年瓜菜种植面积300亩，逐年扩大栽种面积，到2017年全村栽种叶菜、瓜类、豆类、茄类等蔬菜达430多亩，年产瓜菜1 290吨，产值309.6万元，单这项收入，全村人平均可分1 293.77元。潘在雄栽种的4亩瓜菜年产量24 000斤（1斤=500克），年收入2.88万元，单瓜菜这项全家5口人均收入5 760元。

三是入股发展养殖业。吴亚毅代表爱群村委会通过镇政府扶贫办与声茂合作社沟通，同意村中贫困户冯红彬及全镇42户贫困户全部参股，接受林声茂"田教授"

的"传帮带"。其中贫困户冯红彬在"田教授"林声茂的"传帮带"下，掌握了咸水鸭养殖技术，在家开展咸水鸭养殖，年出栏 3 批，每批 150 只，年出栏 450 只，年增加纯收入 5 670 元。

四是为确保爱群村脱贫巩固提升，村委会与美兰区城投公司签订建筑工程合作意向，共同开拓发展脱贫产业。城投公司有新的建筑工程项目，优先照顾爱群村委会建筑工程服务队，物业管理需要的清洁工、保安或管理人员，也优先聘请爱群村委会的贫困户村民上岗，保障打实脱贫巩固提升基础。还根据村民提议，成立"海口美兰爱群村委会经济合作社"。经济社成员由农户组成，以土地或现金入股，整合土地由经济社统一规划发展莲藕种植。目前已有 16 户农户加入经济社，入股土地 200 多亩。经济社将继续吸收村民加入经济社，依托"田教授"技术，发展壮大集体经济，进一步发展脱贫产业，确保脱贫成果巩固和提升。

提升班子凝聚力和能力

在扶贫整村推进工作中，村党支部和党员干部发挥了重要作用。吴亚毅到任后严格按照组织要求，夯实村党建基础，带头开展党规政策理论学习。2017 年以来，他积极组织干部参加各类专题培训 16 次，共 80 人次；协调解决爱群村主要难点问题 5 起。严格遵守村内各项规章制度，爱群村重大事项和支出坚持按"四议三公开"要求办理，2017 年重大事项走"四议三公开"程序 4 起，2018 年 1 起。充分发挥党员大会作用，会上及时向全体党员汇报整村推进进展，征求到党员干部对整村推进项目建议多条，其中硬化路、"亮化"工程、集中式供水塔等建议最终获得镇政府支持并予以实施。带领村"两委"班子和驻村工作队集思广益，策划并撰写全村扶贫整村推进方案；着重发挥党员带头作用，组织协调整村推进项目落实。在他的示范作用下，在整村推进硬化路项目

实施时，党员干部都纷纷站出来做了好榜样。其中长发村的干部群众，在得知硬化路实施后，党员带头动员将预硬化的土路清理杂草、砍掉自家的树、推掉围墙、填补土坑，在工程队进场前就把道路清理得干干净净。

积极推动精准扶贫工作

一是促进爱群村脱贫攻坚作战体系规范化、标准化建设。爱群村建立脱贫攻坚作战中队，吴亚毅任副中队长，负责精准扶贫措施的制定和落实。同时，吴亚毅也是驻村工作队长。在镇党委的指导下，爱群村把驻村第一书记、驻村工作队、脱贫攻坚中队和村"两委"班子融为一体，形成爱群村脱贫攻坚作战体系，共同抓好爱群村的各项工作。二是积极施行上级关于脱贫户"两个一"的要求。在确保脱贫户"三保障"的前提下，做到每户脱贫户至少有一名成员参加就业，每户都有一个支撑产业，巩固脱贫成效，促其脱贫致富。三是积极做好2018年精准识别、退出全面排查工作。在镇党委的领导下，开展精准识别、退出全面排查工作，组织帮扶责任人、驻村工作队和村"两委"、村民小组长等深入农户一户不漏地对"漏评""错退"问题开展拉网式排查，实现"一人不漏一人不错"。截至目前，爱群村排查率为100%，确保精准识贫、精准脱贫。

工作成效

完成整村提升工程，顺利脱贫出列

2016年至今，爱群村落实各类项目资金近700万元，其中村级硬化路约7千米，"亮化"工程安装路灯120盏，新建深水井3口、文化室2个，文化下乡多起，推动电网升级改造4个村庄，光伏产业投入83万元预计年收益12万元，注册爱群村经济合作社1个，建设电商扶贫点1处，整村入股海南声茂咸水鸭养殖合作社5万元，联系新闻报道5篇，投入20万元开展环境卫生整治工作和美丽乡村建设。2018年5月新建2座高水塔，解决了村民用水问题。2018年5月以来，经爱群村"两委"干部多次动员，通过爱群村建筑工程服务队垫资等方法，6户低保户危房改造已动工5户，自建解决1户。

2017 年底，爱群村实施扶贫整村推进工作，并完成各项指标任务。在第一书记吴亚毅和党支部书记欧琼江的带领下，爱群村坚持以党建为抓手，以党建促扶贫攻坚，紧扣扶贫"十项标准"开展整村推进工作，2017 年底通过区扶贫开发小组验收，顺利脱贫出列。近两年来爱群村的村容村貌、基础设施得到巨大改善。

农业增效农民增收，摘掉贫困帽子

一是规模发展增效益。在贫困户潘在雄的带动与指导下，爱群村的瓜菜栽种初具规模，2017 年，全村各类瓜菜产量达 258 万斤，产值 309 万元。瓜菜效益好，大大提高了村民栽种瓜菜的积极性。2018 年初，全村大力发展叶菜 200 多亩，产量 120 万斤，适逢春节前后，市场看好价位高，产值达 300 万元。二是促进脱贫巩固提升。瓜菜栽种成了爱群村的支柱产业，村民有信心，积极性高。村党支部组织"两委"干部，每到瓜菜种植季节都深入农户，与他们交心，谈计划、谈发展，使全村在瓜菜栽种产业上，做到根据市场需求选种植品种好和价位高的瓜菜。

思考与启示

脚踏实地，做好调研

第一书记驻村后，要脚踏实地做好调研，不要急于下结论，不要急于烧"三把火"。要给帮扶村"把好脉"，对症下药，切忌拍脑袋就干。要根据每个村的不同情况，扬长避短，发挥长处，不贪大求洋。要根据本村实际，确定中心任务和主攻方向，其他各项工作都要围绕这个中心任务来开展。最重要的是要把目标任务细化，层层分解，确立阶段性工作任务和目标，分步推进。同时，外出考察学习学问大，要选择与帮扶村自然条件相近，或者自然条件不如帮扶村的地方，通过发展特色产业让村民富起来、集体经济壮大起来的地方最有说服力。如果去太过"高大上"的地方，花钱多不说，而且条件差距太大，没有可比性，不可复制不能借鉴，只能望洋兴叹，起不到鼓劲和参考作用。

选准脱贫发展产业，树立脱贫典型示范

瓜菜种植和禽畜饲养是爱群村民的传统产业，但是由于社会发展，使传统产

业在产量和品质上失去优势，根据这一实际，村党支部和村委会成员统一发展思路，选择适应市场需求的项目。一是深入市场调研和分析，做出适合市场需求的产业选择。二是准确选择产业。把市场与爱群的实际生产能力有机结合，并征求种植和养殖农户的意见，通过反复探讨和选择，最后定下以种植叶菜、苦瓜、毛瓜、豆角、茄子为主，以咸水鸭养殖为主的脱贫发展产业。三是树立种植示范，带动村民发展。树立种植能人为瓜菜种植示范户，带动村民发展瓜菜种植增加收入。村党支部召开村党员干部大会，让潘在雄在会上传授瓜菜种植经验，会后村党支部还带领党员干部到潘在雄的菜地参观。他的瓜菜种植得到了村党员干部的认可，成了爱群村的瓜菜栽种示范园，带动作用非常明显。

巾帼扶贫　不让须眉

——海口市美兰区演丰镇边海村驻村第一书记陈晓桃

人 物 名 片

　　陈晓桃，中共党员，1973 年生，海口市演丰镇塔市村人，毕业于海南大学，海口市妇联主任科员。2016 年 10 月被选派到演丰镇边海村委会担任驻村第一书记。

　　2017 年 3 月边海村党支部被海口市委组织部评为"2016 年海口市四星级基层党组织"，2017 年 11 月边海村教学班被海南省脱贫致富电视夜校工作推进小组评为"先进教学班（组）"。2017 年陈晓桃被评为海口市优秀驻村第一书记，2018 年被评为美兰区优秀党务工作者。

村庄情况

边海村是演丰镇 2016 年新排查出的软弱涣散村。边海村委会位于演丰镇东北部，距镇墟 8 千米，东南面与演海村接壤，西濒东寨港以西，与塔市隔海相望，北临东寨港，与文昌铺前、北港一衣带水，海岸线长 4 千米，总面积 1.97 平方千米。共有 8 个村民小组，14 个自然村，总面积 2 136 亩，耕地 392 亩，全村共有 314 户 1 034 人，其中农业户口 31 户 83 人，建档立卡贫困户 3 户 12 人，2016 年 12 月底已全部脱贫，其中 2 户为巩固提升户，1 户正在办理剔除相关程序。城市特困户 2 户 2 人，城镇低保户 8 户 14 人，农村低保户 1 户 1 人。

主要做法

自精准扶贫工作开展以来，陈晓桃始终牢记驻村第一书记"双争四帮"工作职责，牢牢把握"扶真贫、脱真贫、真脱贫"的工作要求，以求真务实的精神奔波在扶贫一线，认真细致地深挖致贫根源，聚焦群众致富难点，俯下身子抓扶贫，带着感情搞帮扶，时刻把百姓冷暖放在心上，把人民群众对美好生活的向往当作自己奋斗的目标，将最美的青春奉献在扶贫路上，不让一名贫困户在全面小康道路上掉队，充分展现了一名优秀共产党员的风采。

办小事，拉近干群关系

2016 年 10 月 8 日，陈晓桃报到后的第一天，就翻开建档立卡贫困户韦菊花的档案，当时映入眼前的一切让她感到前所未有的压力。野草丛生的院落里昏暗低矮的房屋已中度倾斜，屋盖结构破损、梁柱开裂，局部墙体剥落，难以想象一家四口是怎样挤在岌岌可危的瓦房中度日的。从那以后，她暗下决心一定要帮助村里的贫困户脱贫致富，绝不让一个人掉队！

韦菊花家 2016 年 3 月 21 日被确认为建档立卡贫困户，家中共有四口人，一女两儿，丈夫已去世多年，大女儿与二儿子患有肠息肉遗传病，体质偏弱，无力承担繁重劳动，家中主要依靠卖螺为生，收入微薄，人均收入为 1 625 元。大女儿外出打工收入少，仅能解决个人生活；大儿子于两年前与家庭失去联系；小儿子符祥云曾外出工作一段时间，后来因工作受挫便回家待业，整天在家玩手机，久而久之不思进取、荒废度日，不愿外出打工。韦菊花文化素质低、思想消极保守，缺少行动力，安于现状。但她有发展种养业的意愿，陈晓桃便与村"两委"干部在充分讨论后，决定采用"扶贫 + 扶志"的模式，在产业、医疗、住房及思想上开展帮扶工作。为其分批购买 24 只本地黑山羊，帮建羊舍 20 平方米，贷款 4 000 元入股枷椗山居民宿分红，帮助其与叔叔符气贵（低保户）合建混凝土结构平房 120 平方米，带其参加镇政府组织的种养技术及其他培训 12 期……在诸多举措下，韦菊花一家已于 2016 年 12 月 31 日成功脱贫，人均纯收入为 9 466 元，转入巩固提升阶段。

陈晓桃还同村"两委"干部多次下村与韦菊花的儿子符祥云交流，在拉家常、交朋友中搭建连心桥，逐步打消他的抵触抗拒心理，并在市妇联和演丰镇党委的帮助下，邀请天涯心理咨询和友善社工对其开展专业心理辅导，传授正面积极的泄压方式，帮助他培养健康生活方式，克服畏难厌工情绪，提高心理抗压能力，强化树立劳动光荣理念，进一步坚定其勤劳致富的信心和决心。

抓思想，利用电视夜校扶志扶智

海南省委副书记李军曾在海南省脱贫致富电视夜校的第一堂课上说道："上学改变命运，知识挖掉穷根。开办脱贫致富电视夜校，是为了给各位乡亲提供一个只需要花费时间、不需要花费一分钱的上学机会。"陈晓桃作为边海村夜校学习班班长，深知电视夜校是开启民智、脱贫攻坚的决胜武器，为了狠抓对贫困户的致富知识和技能学习教育

工作，她主动充当"翻译"，用深入浅出的海南话为村民翻译和讲解节目内容，采取"集中收看＋自行收看"的方式，共组织村"两委"干部、贫困户和村民收看 101 期节目，共计 1 512 人次。

在日常下村走访过程中，她了解到村里有些农户也想搞养殖，但苦于不懂技术，不了解市场行情，不知如何规避风险，最后只能被迫放弃。2017 年 3 月 9 日第 29 期电视夜校播出了澄迈县返乡创业大学生代表、黑山羊养殖合作社总经理关一凡讲解黑山羊养殖诀窍的节目，来自本土的致富案例给予了他们满满的养殖致富信心，村民们表示受益匪浅。为了进一步加强农户对黑山羊养殖的技术指导，她还邀请了市畜牧专家到村现场指导，为农户详细讲解本地黑山羊的养殖要点及市场行情，介绍黑山羊养殖常见的病害防治办法，并留下专家联系方式，以便及时解答农户的养殖困惑。目前众多农户都搞起了黑山羊养殖，一年纯收入可达到上万元。

固民生，用心用力用情扶贫

2016 年，为了做好强台风"莎莉嘉"的防御工作，将影响降到最低，确保人民群众生命安全，陈晓桃立即召开村"两委"及村小组长会议，划片定责、统一部署，要求充分利用微信、短信等通信工具，尽可能快速地告知群众强台风和暴雨一级预警，妥善做好防风准备；重点做好低洼地带人员及财产转移，优先安置年老不便的孤寡老人及年幼儿童；现场指导群众做好家中防风工作；做好渔民渔船安全靠岸及海水养殖业防洪加固安全工作；储备各种应急物资，比如矿泉水、面包、方便面等救灾食品、尼龙绳、救生衣、雨衣等抗灾物资，全面检查应急发电机、冲锋舟、对讲机等防风设备运行情况。

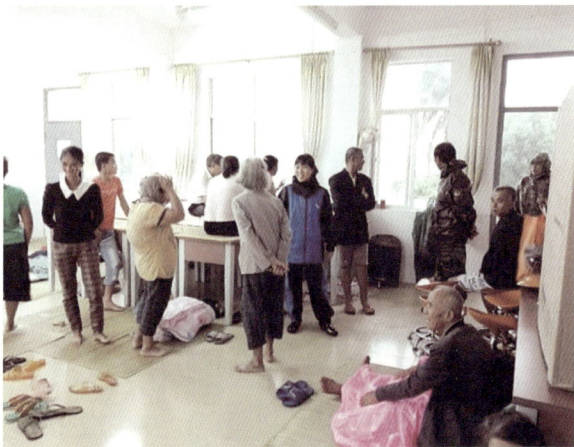

会议结束后，第一书记及村干部迅速组织人员顶风冒雨进村入户做群众转移工作，挨家挨户全面排查。部

分群众未能意识到此次台风的危险性不愿意离开家，"呵斥"村干部小题大做、劳民伤财，陈晓桃立即用气象台发布的权威台风信息和网络直播的台风一线情况来强调危害程度，成功劝其离开危险地带，转入安全住房。她还安排专人联系渔民做好回港避风工作，截至 17 日晚上（2016 年 10 月 18 日"莎莉嘉"登陆海南）成功转移群众 121 户，共 395 人，成功召集靠岸渔船 84 艘。

台风过后，她又带领党员干部，组织群众开展灾后生产自救恢复工作。一方面是确保群众出行安全，同环卫工人、群众志愿者冒雨清理村内道路上被台风吹倒的树木，清扫被台风刮断的树和堆积的垃圾，确保行人车辆出行畅通。另一方面积极组织村委干部进村入户帮助群众恢复生产生活秩序。一是了解村民受灾情况及生产需求，其中高呼村的巩固提升户王秋菊在台风"莎莉嘉"来袭期间，渔网被偷，失去了生产工具，陈晓桃积极与演丰镇政府协调，为其申请 3 000 元购买 50 张渔网；二是为了保证村民的生活用水，紧急修理发电机，及时为边海 14 个自然村村民提供生活用水。

主要成效

建立了脱贫信心

在帮助贫困户发展产业的同时，陈晓桃也注意树立脱贫信心、致富决心。经过她的努力，像韦菊花一样的贫困户一个接一个地脱贫了。韦菊花之子符祥云也开始帮助妈妈放养黑山羊，分担基本家务，成功克服心理障碍，迈出了改变的第一步。

提升了治理水平

一是村民自治体制日趋完善，让村民们参与到脱贫攻坚全过程。她始终把完善村级体制机制、提升治理水平抓在手上，推动完善村民自治机制，落实"四议三公开"，通过召开村民代表大会，公开透明地进行道路硬化、村委会庭院及宣传栏建设、解决饮水安全等民生工程，主动公开扶贫资金使用进度，民主评议林市村连东姨列为低保户，以实现村级事务公开化、透明化、阳光化。二是干部服务能力显著提高。她鼓励"两委"班子成员多走、多看、多学，以"两学一做"学习为契机，加强党风廉政建设，增强为人民服务的意识，督促"两委"规范使用权力，坚持把党纪国法挺在前面，在阳光下认真履职尽责。

改善了村容村貌

为切实做好农村道路硬化工作，2016 年至 2018 年 6 月，她多次组织升级硬化村路 9 条，全长约 4 000 米，共计投入资金 320 万元；扩建乡村公路 1.77 千米，约投入了 140 万元。筹资 10 万多元更换新水管、新水泵，水管配套安装，解决村民饮水安全问题。向镇委、镇政府申请投入 35 万元建博文村文化室，花费 58 万元建设便民服务中心，前期已投入 68 万元用于硬化村委会的办公庭院及修建篮球场，以便满足群众的文化娱乐需求。

思考与启示

打赢脱贫攻坚战，扶志是基础

习近平总书记曾强调："脱贫致富终究要靠贫困群众用自己的辛勤劳动来实现。"打赢脱贫攻坚战，需要良好的政策引领及优厚的资金帮扶，但更多的是依靠贫困群众的内生动力。扶贫外部条件再好，资金再多，也只能管一时，管不了一世。比如林市村低保户连东姨，思想观念转变不及时，存在"等靠要"的懒惰思想，甚至以做贫困户为荣，不甘于长期的艰苦奋斗，不愿意辛勤劳作致富，导致帮扶工作一度陷入困境。因此要重视发挥贫困群众的首创精神，通过树立脱贫信心、鼓足志气，让他们的心热起来、手动起来，才能让党的扶贫政策真正落地，才能实现真脱贫、脱真贫、不返贫。

打赢脱贫攻坚战，产业是支撑

产业是乡村振兴的根基、群众脱贫的主要依托，只有发展产业才能增强脱贫的主动性，将发钱发物的输血扶贫变为自主自发的造血扶贫。边海村由于地处偏僻，濒临海洋，易受台风等自然灾害影响，再加上耕田较少，可利用和开发的资源极其有限，不适宜发展传统农业。陈晓桃积极转变发展思路，在原有海水养殖业、捕捞业的基础上，充分利用坡地、林地优势，另辟蹊径发展黑山羊养殖，帮助贫困户小额贷款入股枷桎山居民宿，配合演丰镇的乡村振兴战略，积极探索发展休闲农业、乡村旅游，努力促进一、二、三产业融合发展，不断拓宽贫困户就业增收渠道。

打赢脱贫攻坚战，人才是关键

脱贫攻坚一线，缺的是敢于创新、善于思考的"谋士"，要的是敢为人先、敢于担当的"勇士"。人才的出现靠党建。一是规范支部组织生活、激发党员奋发有为，充分发挥带头示范、带头致富作用，让村民跟着学、跟着干，跟着致富，一户带多户，多户带全村。二是选优配强干部队伍、强化基层战斗堡垒。坚持举贤任能，严格把好选人用人关，将学习能力强、思想觉悟高、服务态度好的青年纳入村级后备干部队伍，积极探索"以老带新、以新促老"共同进步模式，努力把村干部培养成脱贫攻坚"排头兵"，不断激发村级组织的战斗力和凝聚力，带领群众建设美好家园，奔赴全面小康的康庄大道。

·三亚市·

发挥党建引领　助推乡村振兴

——三亚市海棠区北山村驻村第一书记霍东华

人物名片

　　霍东华，中共党员，1987年生，大学本科毕业，现任三亚市海棠区委农工办副主任。2015年8月至今，被派驻北山村担任第一书记。

村庄情况

北山村位于三亚市海棠区中部，地处仲田岭脚下。全村 186 户，980 多人，下辖 3 个村民小组，是一个黎族聚居的行政村。全村耕地面积不足 500 亩，2017 年人均年收入只有全区的三分之一。北山村先后被评为"全国文明村镇""海南五星级美丽乡村""海南省生态文明村""海南省民主法治示范村""三亚市文明卫生村"等。

主要做法

抓好换届选举工作，选优配强"两委"班子

2016 年是换届选举年，霍东华以此为契机，作为扭转村"两委"班子软弱涣散的重要节点，选优配强"两委"班子。首先在村内开展后备人才选拔，从村内挑选 12 名后备干部，作为村"两委"班子调整的重要人才储备。同时，挨家挨户听取群众意见，组织多场参选干部及村民代表、党员代表培训会，严肃选举纪律。同时组织专场"施政"辩论会，让参选干部面向群众讲好工作方向。以换届来检验"做"的成效。村党支部坚持"两推一选"和村民直选，成功完成"书记主任一肩挑"，改变了北山村连续 5 届书记主任不同人的局面，更有力地带动支部和村委会的工作。

推动美丽乡村建设，让群众吃上"旅游饭"

为摆脱北山村贫穷落后、基础设施缺乏的局面，2016 年，北山村全面实施美丽乡村改造。在开展乡村建设前，党支部组织村民开规划发展意见征询会，多次听取群众意见。2016 年年底，北山村完成"美化、绿化、亮化、净化"工程，极大地改善了北山村的基础设施，为北山村对接海棠湾国家海岸旅游产业，延伸旅游产业链，拓宽全域旅游范围打下坚实基础。

然而就是在这样的惠民工程中，有些老百姓以为美丽乡村建设就是要搞征地拆迁，于是偷偷在门前屋后开始抢建抢种，企图套取政府补偿。霍东华带队挨家挨户讲解美丽乡村建设内涵，消除村民关于补偿等建设中的疑惑，但还是有些不理解情况的村民情绪激动，出现了持刀追砍第一书记的恶劣事件。为了保障北山村建设不受影响，霍东华主动同公安机关和持刀行凶者家属联系，做通家属思想工作，得到了村民的认可，再也没有出现阻工、抢种等现象，保障了工程的施工进度。2017年，北山村被评为海南省"五星级"美丽乡村，还荣获"全国文明村镇"等荣誉称号。2017年和2018年，组织开展了两次美丽乡村旅游文化节，推出了北山集市、北山欢歌等旅游品牌，直接为群众创收25万元。现在霍东华正进一步推动北山村户外拓展基地建设，将形成少数民族风情、本土特色美食、芒果采摘、白鹭观赏、花卉观赏等综合性旅游村落，一个曾经偏僻而无人问津的小村落真正实现了华丽转身。

坚持问题导向，优先解决老百姓的困难

霍东华走遍全村186户，与常住村民一一谈心。在走访中，他对发现的问题及时收集整理，并协调解决。为了将收集群众问题常态化，他编写了北山村网格化管理制度，在全村实行网格化管理，吸纳党员、群众和村干部建立三级连片、分段设长、群防群治管理方式，有效解决了群众急需解决的问题。2016年，村内突然有干部报告，村民罗文东4岁的孙女罗子娟掉入开水中，全身大面积烫伤，生命垂危。在得到情况后的第一时间，霍东华先赶到301医院看望受伤孩子，同时马上联系区领导、民政部门，当天晚上，在区领导的大力支持下，安排转到425医院接受烫伤治疗。罗文东家庭生活困难，仅靠几分地的果园作为收入来源，罗子娟的父母为了补贴家用在市内打工，而孩子至今没有上户口，也没有交

医疗保险，高昂的医疗费用是他们负担不起的。霍东华联系媒体、网络开展捐款，帮助解决高昂的医疗费用，在多方努力下，孩子的命保住了，医疗费用及孩子的后续治疗费也有了着落。霍东华的付出得到了村民的认可。

人穷最怕志短，扶贫必先扶智

所谓"志一立，则天下无不可为之事""只要有信心，黄土变成金"。习近平总书记指出："贫困地区独特的地理位置和经济发展的具体条件，决定了它的发展变化只能是渐进的过程。根本改变贫困、落后面貌，需要广大人民群众发扬'水滴石穿'般的韧劲和默默奉献的艰苦创业精神，进行长期不懈的努力，才能实现。"因此他强调"扶贫先扶智，要从思想上淡化贫困意识"。村党支部要发挥作用，首先就要让困难群众转变观念，让他们自己有致富的意愿，不能"等靠要"。为此霍东华在全区率先申请组织建立脱贫致富电视夜校，组织贫困群众、党员干部和有致富意愿的群众到村内学习致富经验和技能，同时协调区相关职能部门和热作研究所，每堂课都开展政策解答和农业技术教授，并由霍东华担任班长组织课堂互动，让群众既学到了知识又增进了乐趣和动力。目前，国家正需要大量优秀技术工人，让村里的孩子上技校学习一门技术比去大学更切合实际。职业教育国家有优惠政策，"三免一补"，学好了，对口解决就业，这些人就业后，可以在工作的地方安家，一家的脱贫也就有了奔头。为此霍东华同三亚市技工学校联系，带领北山村20多个年轻人到技工学校报名，让村里的孩子学一项专门的劳动技能。

让农业插上网络翅膀，推动产业扶贫

北山村的传统种植业主要靠芒果，家家户户都有芒果地。可2017年春节期间，可愁坏了村民，芒果收购价直线下降，最低跌到了8毛钱一斤，村民吉成光

焦急地找到霍东华寻求帮助。霍东华经过调查发现，芒果收购价格低，一方面是受市场波动影响，气温低，芒果卖相不好；另一方面是中间商控制渠道，压低价格造成的。怎么解决渠道问题呢？霍东华想到了上网销售，先试着发微信朋友圈帮农户卖，这一试取得了不错的效果。同样是吉成光的芒果，在网上通过帮扶价格，卖到了3块多元一斤，不仅挽回了损失还略有盈余，这让农户笑开了花，也让霍东华有了进一步推动电商发展的信心。经过村"两委"商讨后，2017年完成"北山洋"App搭建，当年帮助农户销售芒果2万多斤，辣椒5 000斤，实现销售额10多万元。为了进一步推动电商品牌化发展，北山村注册了一个芒果商标品牌和一个鸡蛋商标品牌，还通过网络推介北山村乡村旅游产品，带动了村集体经济和村民致富增收。

挖掘少数民族文艺，让文化振兴促增收

作为一个黎族聚居的村落，北山村有丰富的黎族文化积淀，享誉世界的非物质文化遗产黎锦就是村民们具备的一项手工技艺。技艺是有，可是缺乏市场化，没有途径。黎锦生产出来没法转变为收入，老百姓制作的积极性也不高。为此，霍东华同三亚学院联系，共同组建海棠区黎族文化研究与发展基地，并同海棠区周边酒店开展合作，开拓一条高校设计、村委会组织村民生产、企业收购的黎锦发展模式，并积极投入建设北山村黎锦工作室，投入资金8万元为工作室建立生产服装等加工设备，实现黎锦规模化生产，同时积极推动有能力的群众自由发展，组建黎锦生产合作社，推动黎锦培训进校园，实现黎锦传承的"老＋中＋青＋少"四代有序发展。

此外，霍东华还积极发掘黎族歌舞表演，组建北山村"盎哇"黎族舞蹈队，组织村民通过文艺演出实现增收。目前吸纳农户26人，参加了国家首届体育庙会开场舞、建省30周年万人竹竿舞大赛等重大赛事，并获得吉尼斯世界纪录、海棠区广场舞比赛第三名等各类荣誉。队伍自2017年12月创建以来，已为农户创收20多万元。未来北山村将进一步加快发展，注册舞蹈艺术团，吸纳更多群众参与其中。

项目带动，推动产业扶贫

2018年，北山村成立脱贫攻坚中队，霍东华担任中队长。为了更有效地推动

北山村整体的扶贫工作，霍东华积极引入适度规模产业，帮助群众增收。在结合北山村果地多的实际情况下，同养殖企业开展林下养殖。在霍东华的推动下，组织村干部首先成立北山村旺北综合合作社，以村干部带头、扶贫中队为指导、企业合作的形式，签订三方协议，由企业为合作社提供鸡苗和饲料，鸡蛋和鸡肉由公司统一回收，这样就打消了村民销售的顾虑。同时，村民有意愿参与养殖的，需加入合作社，以扩大规模，防止无序养殖。低保户高方豪在霍东华向贫困户推荐产业扶贫措施时，第一个站出来要求加入，为其他群众做了表率。同时，利用北山的农田同柏瑞花卉合作，种植 500 亩花海，实现年土地地租 2 450 元，较周边地租高出 250 元—450 元，为北山村村民创收 73 万多元。除了土地收入，村民还可以在花卉基地打工，在家门口挣钱。

主要成效

打铁还需自身硬，加强村党组织建设

党组织的建设是推动脱贫攻坚的根本保证，党的领导在扶贫工作中只能加强，不能弱化。北山村党支部恰恰在此之前就是一个党组织软弱涣散的落后村。2015 年 8 月，霍东华到北山村担任第一书记，首先就是解决党组织软弱涣散问题。为此他用了一个月时间走访全村的农户和党员家庭，向他们了解北山村情况，了解家族关系，掌握黎族风土人情。紧接着便着手开展党支部整顿工作。改进党支部学习制度，按照"双争四帮"总要求进一步完善北山村党支部"三会一课"制度，转变了过去"三年开一次党员大会"的不正常现象。重视和加强村干

部个人学习，每个干部都要制订学习计划，确定学习内容，做好学习笔记。同时，每月带领村"两委"干部和9名村小组组长、副组长集中学习。特别是在"两学一做"学习教育中，让大家做到学有所获，学有所得，逐步提高村"两委"班子的理论成熟度，转变思想观念，更好地投入服务群众的工作中去。

坚持贯彻民主集中制

把推行"四议两公开"作为增强村"两委"班子合力的重要途径，作为提高村党员干部素质的重要载体，作为调动村民参与美丽乡村建设的重要做法。健全并完善《北山村"两委"议事制度》，围绕危房改造、项目建设、低保户确定、补助发放等大事难事和关乎群众切身利益的事，实行村党支部提议——村"两委"会商议——村党员大会审议——提交村民代表大会决议——对决议内容公开——实施结果公开。此外为了更广泛地发动群众监督，保障群众利益，组织了村务协商会议，吸纳干部、党员、群众代表及与北山村有关的政、企代表共同参与，形成有事大家谈、共商村事的良好氛围。转变村干部的思维方式和工作方法，提高开展"四议两公开"工作法的工作能力，提高村民参与率，增强工作透明度，有效解决了村民参政议政意识增强所带来的管理上的诸多问题。

加强基层党支部活动阵地建设

按照庄重、整齐、美观、实用、勤俭的原则，扎实推进党组织活动场所建设。2016年1月落成北山村办公大楼，2017年建成北山村妇女儿童之家、综合文化服务中心等。并在村委会办公楼内安排设立党员活动室、远程教育室、党员会议室。统筹安排，做到"一室多用"，在党员会议室内设置脱贫致富电视夜校，既能开展"三会一课"等党建活动实施好民主议事制度，还能组织群众收看电教片、脱贫致富电视夜校学习等。2018年，霍东华还提出以党支部联建引领北山村未来党建工作发展方向方案，积极同党政、企事业单位等党支部开展联建活动，目前已同三亚市民政局机关党支部、上海大众集团党委签署联建协议，通过支部联建引入社会企业到北山寻找扶贫商机，带动农户脱贫致富，取得了积极的社会影响。

思考与启示

加强村级党组织是加强农村全部工作的基础

在推进社会主义新农村建设的过程中，要选准配强村级党支部班子，切实把那些政治素质好、品德作风正派、处事公正公平、勇于创新、能带领农民群众增收致富的能人选进班子，培养一大批优秀的农村基层干部。这既是增强农村基层组织、发挥战斗堡垒作用的基础，也是推进社会主义新农村建设的关键。强班子必须贯彻到认识上，抓好正在开展的共产党员先进性教育活动，努力提高农村基层干部对上对下高度负责的精神和强烈的责任感。

让百姓富起来是帮扶工作的重中之重

在北山村工作的这三年多时间里，让老百姓富起来始终是霍东华工作的重中之重。只有百姓富起来，村里的各项事业才能有起色，才能有支撑。老百姓是最淳朴的人，谁能带领他们实现富裕，他们就跟着谁干，作为一名党员就必须要带领群众走上富裕的道路。为此就要多方面推动农村的产业发展，深入发掘乡村资源优势和文化潜力，紧密贴合市场需求，实现一、二、三产业融合，提高农产品附加值。同时我们也看到，光有产业的发展是远远不够的，农村绝对不是文化的荒漠。只有"脑袋""钱袋"一起抓，乡村才能真正振兴。

扶贫须扶志

扶贫不是一蹴而就的事情，既不是指令性救济、搞摊牌，也不是跑钱、分钱、花钱那么简单，它是以小的增量投入激活巨大的存量，帮助贫困者提升自主性的一个过程。这不仅要扶持贫困者的经济自主，更要扶持贫困者的精神自主，让他们解放思想，转变观念。

聚力脱贫攻坚　建设幸福那受

——三亚市育才生态区那受村驻村第一书记杨小锋

人物名片

　　杨小锋，中共党员，1977年生，博士，研究员，硕士生导师，中华全国青联委员。三亚市南繁科学技术研究院农业工程技术研究中心主任，海南省热带设施农业工程技术研究中心主任，热带设施农业技术与装备国家地方联合工程研究中心主任，主要从事热带设施园艺与循环农业等方面的研究与示范推广工作。2018年5月，被派驻那受村任驻村第一书记兼工作队长。

村庄情况

三亚市育才生态区那受村位于三亚市西北部山区，总户数521户，总人口2 432人，其中黎族1 821人，占74.8%，苗族608人，占25%，是一个黎族苗族聚居的行政村，下辖永介、那头等8个村民小组。该村为"十三五"建档立卡贫困村，于2016年摘帽出列，目前建档立卡总人口132户550人，农村低保对象35户74人，特困人员7户7人，边缘户30户125人。

具体做法

深入调研，把准脱贫致富"脉搏"

一是迅速转变角色。上任不久，杨小锋就向村"两委"干部和其他联村干部了解情况，同时走遍那受村所有村庄、田间地头，运用自身专长探索党建与扶贫相融合模式，带领村"两委"班子真正把党建活力转化为攻坚动力。

二是构建"党建+扶贫"新模式，创新打造"大党建"新格局。推行"党支部+党员+贫困户+合作社+基地"模式，成立了那受宏泽荣养殖基地和那受成琼养殖农民专业合作社2个，带动建档立卡户29人，依托基地统一饲养猪(鹅)，统一管理，统一销售，保障脱贫户有持续稳定收入。以"党员+致富带头人+贫困户+科研单位+企业+基地"股份合作模式，建立了那受百香果种植基地20亩，带动建档立卡户3人。那受村党支部带头创办百香果、竹鼠、蜂蜜、菠萝蜜合作社4家，吸纳农户20多名。构建"党建+基金扶贫"模式，进一步拓宽建档立卡户脱贫增收新渠道。那受村党组织联合小额信贷机构，为建档立卡户提供5万元以下、3年以内、免担保免抵押、基准利率放贷、财政贴息、市级建立风险补偿金的信用贷款。目前，那受村已有26名建档立卡户参加小额信贷扶贫。为建档立卡户脱贫增收搭建新平台，构建"党建+电商扶贫"模式，充分挖掘五脚猪、黑山羊、本地鸡、香草鹅、竹鼠、槟榔、芒果、百香果、菠萝蜜、蜂蜜、圣女果等 11 类特色农畜产品,把农户培育成产业户,成功注册"那受纳寿"商标。

三是志智双扶,激发内生动力。那受村在我省建立了首个"隆平文化驿站"。杨小锋邀请相关专家到驿站为大家宣讲文化知识。同时,驿站通过开展丰富多彩的慈善公益活动,传播科学文化、普及先进农业知识和技术、弘扬正气,为乡村振兴、精准扶贫提供文化支撑。项目包括:农民课堂、庄稼医院、精准扶贫、美丽乡村及文艺下乡,为农民科普农技知识,提供流动式公益性的博物馆教育服务,关爱农村留守老人儿童,保护传统文化,丰富乡村群众文化生活。在扶贫过程中,杨小锋特别注重"扶志"和"扶智",激发贫困户内生动力。在一次走访中了解到那阳的脱贫户林永清家情况特殊,林永清一个人打工,独自抚养三个小孩上学,生活压力非常大。在这种情况下,林永清还玩性太重,不能踏实干活。经多次上门访谈,了解他想种槟榔,却缺乏资金,杨小锋给他买了 6 亩地的槟榔苗,让他通过自身劳动来发家致富。同时让他参加养竹鼠的合作社并提供公益岗位,确保林永清持续稳定增加收入。此外,杨小锋在全市率先探索制定了《育才生态区贫困户约束管理机制》,通过建立贫困户约束机制和自我管理机制,强化自我约束,互帮互带,提高了自身修养和品德,有力推动了全村的乡风文明建设。

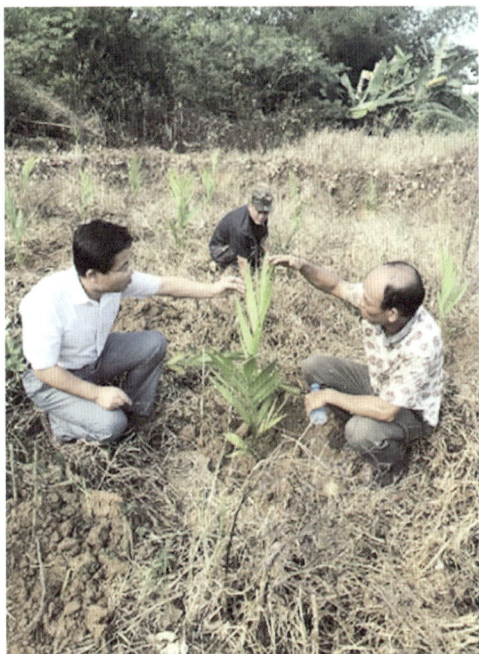

四是整村推进,整体提升。杨小锋积极谋划那受村整体提升工程,带头编制完成《三亚市育才生态区那受村委会整村提升三年发展规划及实施方案(2018—2020 年)》,提出深入实施"十四大"整村提升工程。通过不断增强那受贫困村和贫困人口自我发展能力,不断拓宽那受贫困户增收渠道，确保那受村脱贫致富。同时，制定《三亚市育才生态区那受村党支部基层党建标准化建设方案》《三亚市育才生态区那受村党支部基层党建标准化建设工作台账》《三亚市育才生态区那受村委会产业帮扶三年实施方案（2018—2020年）》及《三亚市育才生态区那受村委会就业帮扶两年工作计划（2019—2020年）》等材料编制工作，覆盖全村8个村小组，涉及521户2 432人，实现统一规划、统一部署、不落一人。

因人施策，把精准落到实处

杨小锋坚信，扶贫开发贵在精准、重在精准。一是让贫困户家门口实现就业增收。林晓清是那阳村脱贫户，早些年因为缺少土地和子女上学致贫。这些年通过政府帮扶卖猪、卖鸡的收入与在胶林帮忙割胶的工资，生活还算过得去，但收入一直不高。根据他们家实际情况，杨小锋带领驻村工作队多次上门谈心、算经济账，终于他们夫妇同意前往马脚火龙果基地打工。由于林晓清夫妇勤劳肯干，表现积极，服从安排，很快与公司签订了劳动合同，管护25亩新植火龙果地，每人每月工资收入3 500元，另外采果收成还有0.15元/斤的提成，每年工资收入约8.4万元，另加4万元提成，两年后丰产期可达每年13万元左右的收入，比以前收入超了近10倍。

二是入股基地，增加收入和学习技术两不误。那受脱贫户苏其文逢人便说："政府的政策太好了，带我走出贫困的泥潭！"回想起几年前，苏其文有些难为情，缺资金、缺技术和缺土地，加上家里孩子上学，日子过得捉襟见肘，连一间像样的房子都没有。育才生态区帮他们补贴建了房子，还帮扶了他冬季瓜菜的种苗、肥料，生活渐渐好了起来。近几年，他还加入百香果基地，学习种植技术。了解到这一情况后，杨小锋至少每

周一次到百香果基地手把手教他垂蔓栽培技术，还现场解决施肥不当和改良土壤等技术难题，有效提高产量和品质。同时，建议他在百香果基地养鹅、酿百香果酒，扩宽增收渠道。如今苏其文通过地租、百香果基地务工、分红获得三份收入，每年收入比以前翻了几番，日子也越过越好了，成为那受脱贫户典型。

三是激发内生动力，完成"输血"到"造血"的蜕变。谈起2014年的一次车祸，育才生态区那受村的脱贫户苏祥海仍心有余悸。当年，贫困的生活让他连2 400元的住院费都交不起，医生告诉他，他的下半生将瘫痪在床，因为没钱，他们第二天就出院了。如今，在精准扶贫政策的帮扶以及自身坚强的努力下，苏祥海不仅能重新站了起来，还通过养羊、养猪、种芒果、种槟榔以及冬季瓜菜实现了脱贫。"杨书记是我们家的常客，他不但懂技术，还很关心我们的生活。我们家小孩苏安就是到他们单位学习瓜菜种植技术，现在考上了海南省农林科技学校，学到了很多知识。"苏祥海高兴地说。苏祥海由于自身原因，不能外出务工，但他对种植、养殖技术比较感兴趣。为此，杨小锋建议他多参加村委会举办的槟榔、芒果、养羊、瓜菜等实用技术培训班，并给他赠送了相关书籍。还根据他的意愿，给他们3亩土地做土壤改良，并提供瓜菜种苗、肥料及全生物降解地膜。他自己也想扩大养羊、养鸡、养猪的规模，通过自己的不断努力脱贫致富。

求真务实，对百姓用心用情

说到杨小锋，很多村民对他都赞不绝口，他习惯每天到各村里走一趟，与村民一起唠家常，尽快熟悉了解情况。在贫困户家走访调研时，杨小锋总是格外仔细用心，生怕错过任何一个小细节。在一次走访中，他发现那阳村林光明眼睛看不见，仔细询问后得知，85岁的林光明眼睛已双目失明8年多，以前扶贫手册却遗漏了这一点。发现问题后，杨小锋深知林光明眼病不能再拖下去，毅然决定自行开车送林光明到三亚农垦医院就诊。但由于病情严重，农垦医院无法医治，经过多方协调辗转到301医院，终于给林光明办理了住院。他第一时间给林光明垫付了挂号费和B超检查费用，还给他们买了住院所需的生活用品。经过及时治疗，目前林光明双眼已能看见。现在他行走自如，还能干一些简单的农活。每次见到杨小锋，他都会拉住手说："感谢你啊，麻烦你了。"

今年（2018）7月26日下午，杨小锋接到村委会林明忠书记的电话，说那受村小组脱贫户林丽花家7个月大的孙子苏学壮突然发烧抽搐，急需送医治疗。杨小锋没来得及吃饭，急忙赶到那受村，接上苏学壮、他父母及村委会苏德忠副主任一同赶往就近医院。在立才卫生院，医生量完苏学壮体温后说，小孩已高烧39℃多，建议立刻去市里医院治疗。他们又连夜赶到三亚市人民医院，杨小锋为苏学壮挂了急诊号，急诊科医生一测体温40℃，初步诊断为急性扁桃体炎，建议住院治疗。按照医生开的处方要求，杨小锋为小孩购买了退热走珠液和布洛芬退烧药，并给小孩涂抹和服用。因小孩过小，还没纳入市卫计委系统，医院查不到苏学壮的相关扶贫信息。经多方协调，医院终于同意让苏学壮按贫困户程序住院治疗。经过4天的积极治疗，苏学壮痊愈，出院回家。

主要成效

深化党建引领，助推产业发展

通过构建"党建+扶贫"模式，充分发挥党建在各个领域的引领和指导作用，激活党员"先锋模范"意识细胞，勇当先锋、做好表率，形成辐射带动作用，奠定"大党建"坚实基础。如"党员+致富带头人+贫困户+科研单位+企业+基地"股份合作模式已初显成效，有效解决"产前—产中—产后"各个环节问题。农户通过地租、百香果基地务工、分红获得三份收入，每年每户贫困户收入约47 000元。

精准施策，促进农户增收

杨小锋意识到"授人以鱼，更要授人以渔"，因此他逐一对症下药，针对贫困户缺技术、难就业、发展动力不足等实际情况，积极引导农户参加就业培训、手把手教贫困户学习种植养殖技术，帮助贫困劳动力掌握就业技能等，实现贫困家庭增收愿望。如林晓清夫妇通过务工实现了收入翻一番。

志智双扶，提升脱贫成效

坚持扶贫与扶智、扶志相结合，打出"志智双扶"组合拳，树立主动脱贫意识、奖勤罚懒导向，激发贫困群众内生动力，有效助推了物质和精神"双脱贫"。

目前，那受村的"双扶"工作，除了常规性的观看脱贫致富电视夜校，还注重打造文化阵地，加强文化宣传。同时制定了《育才生态区贫困户约束管理机制》，强化对贫困户的约束机制。如那阳村脱贫户林永清经过思想教育，个人精神状态发生了很大好转，现已自己承包了 3 亩水田，准备种植青瓜。杨小锋得知后非常高兴，给予种苗、肥料及可降解地膜，帮助他发展冬季瓜菜。初步估算，林永清家庭今年收入将超过 3 万元。

思考与启示

脱贫攻坚中队是脱贫攻坚的主攻力量

脱贫攻坚中队在整个作战体系中起到至关重要的作用，是前线的第一个"战斗堡垒"，要努力做好以下三点：一是脱贫攻坚中队要提高认识和站位，要有高度的使命感、责任感、紧迫感及荣誉感；通过不断学习，提高自己的文化知识和品德素养。二是脱贫攻坚中队成员应对所有扶贫政策非常熟悉，了解所有对口单位和办事流程，做到"有章可循、有人可问"。三是脱贫攻坚中队应带领所有帮扶责任人进村入户，一户一户核查该户的入户调查表、帮扶手册、海南省精准扶贫大数据管理平台内容与具体实际情况是否相符。通过"一带一""多带一"等方式帮助帮扶责任人有效开展脱贫攻坚工作。

"整村提升"是构建"大扶贫"格局的主要措施

目前各种优惠政策只针对建档立卡户、低保户、特困户及残疾户等，而一般农户相应获得的政策红利很少，造成一般户对扶贫工作的不理解。因此，建议通过整村提升方案实施落地，带动大家勤劳致富，让每位村民都能享受到政策的红利，才能使村民明白，原来政府搞扶贫是为了我们所有人共同富裕，而不是仅仅只为了少数人。"大扶贫"格局是脱贫攻坚战略部署的最终形态，面向所有大众，具有普惠性和全面性。只有大家都富裕了，才能实现奔小康的阶段性目标。

"五志"教育是脱贫攻坚的主要渠道

"志智双扶，教育要先行。"农户只有从思想认识上得到提高，才能从心里去接受新的技术和知识，才能从根本上将"要我脱贫"转变成"我要脱贫"，从而激发出他的内生动力，依靠自己的双手去创造幸福生活。而教育是提高思想认识的根本，是拔掉穷根、阻止贫困代际传递的重要途径。教育必须全面抓，通过"五志"教育：学校教育"学志"、榜样学习"立志"、技术培训"强志"、宣传宣讲"励志"、整村提升"育志"，多渠道全方位提高农户认知和水平。因此，"志智双扶"还有很长的路要走，但只要持之以恒坚持做下去，一代接一代地谆谆教育，相信"志智之花"会开遍乡村的每一个角落。

真心真情助脱贫　美丽乡村正可期
——儋州市大成镇红灯村驻村第一书记杨勇

人物名片

　　杨勇，1982年生，大学本科学历，海南省接待办公室主任科员。2016年12月受组织选派担任大成镇红灯村第一书记。曾荣立个人二等功、个人三等功，获海南省"向上向善好青年"荣誉称号。

　　接任以来，在各有关方面的支持下，经过杨勇与村"两委"干部和村民们的努力，2016年已完成23户115人的脱贫任务，2017年已完成34户171人的脱贫任务，今年计划脱贫85户412人。完善基础、发展产业、筑牢保障、文明乡风……杨勇说，要努力做一个"水土相服"的第一书记，用真心真情的付出带领大家凝心聚力，共同奋斗，在建设美丽乡村的大道上阔步前进。

村庄情况

红灯村是退场队行政村，基础设施较差，交通不便，干旱缺水，群众收入来源主要依靠橡胶，经济结构比较单一。现有 5 个自然村，528 户 3 139 人。其中，已建档立卡的贫困户共 142 户 698 人，占全村人口的 22%。

主要做法

融入群众，做"水土相服"的帮扶人

"作为一名驻村第一书记，要始终坚持用真心换真情，用真情干工作。"杨勇认为，驻村第一书记既是中央政策的落点、精准扶贫的支点和联通上下的中坚力量，也是打通精准扶贫"最后一公里"的关键。第一书记下不下得去、干得好不好，直接关系群众的获得感和扶贫攻坚战的进度。驻村一年多，杨勇渐渐成长为一名"水土相服"的扶贫干部，用自己的实际行动得到群众接纳、获得群众信任。

到村里以后，杨勇认真开展"五必访五必问"，到老党员、老支委、群众代表、致富能手、贫困户家中走访座谈，问他们的家庭情况、目前的困难、村里的基本情况、对村"两委"班子的意见、对村里发展的意见和建议。

通过入户走访、实地调查，组织召开

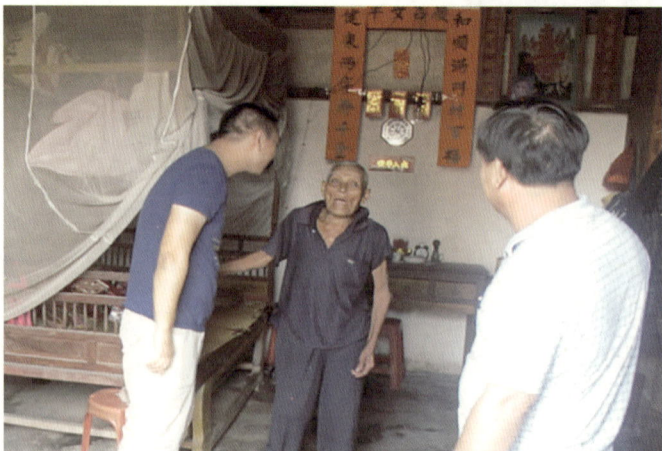

"两委"班子会、全体党员大会、村民代表大会，广泛征求群众意见，倾听群众呼声，从群众反映最强烈的、最期盼的问题入手。着重解决基础设施滞后现状，梳理出道路、水利设施、饮水、危房改造、文化设施等7个方面存在的难题，紧紧抓住这些瓶颈、"卡脖子"问题，筹措资金，精准发力，彻底解决群众难题。

"群众是最纯朴的，他们不会去听你说得有多好，只会去看你做得有多好，做出了哪些成绩，让他们得到了哪些实惠。"杨勇说，一年多来深深地体会到，做好帮扶工作，关键还是要带着感情、真心真意地帮助村民，把村里当作自己的家，安心扎根；把群众当作自己的亲人，关心他们帮助他们。

"说一千道一万不如干一件。"杨勇感到，驻村工作千头万绪，单靠第一书记一个人的力量很难完成，必须要凝聚各方智慧、汇聚各方力量，形成上下联动、齐抓共管的良好格局。在上级派出单位和帮扶责任单位的坚强领导下，杨勇分别在"横向"和"纵向"上出实招、齐发力，为做好精准帮扶工作构筑了有力的保障机制。

在"横向"上，继续坚持扶贫工作小组、驻村工作队与儋州市统计局等相关扶贫责任单位联席会议制度，及时解决一线工作遇到的问题，凝聚力量，齐抓共扶，有效发挥了各级作用，进一步夯实了组织保障基础。在"纵向"上，省接待办领导组织带领班子成员深入一线摸清情况、"解剖麻雀"，为贫困户脱贫出实招、谋实策，检查督促村"两委"落实脱贫攻坚主体责任、资金项目管理等情况，组织参加电视夜校活动，面对面指导帮扶，强力推进各项定点帮扶工作。杨勇认真做好派出单位和村里的桥梁、纽带，落实帮扶资金、项目，定期向办党组和办领导汇报工作情况，对于一些扶贫工作中的重大问题及时请示报告。同时，积极协调办机关党委对红灯村进行党建帮扶，组织机关党支部深入开展与扶贫村一个党小组结为帮扶对子、帮助一个自然村困难户脱贫、定期开展一次走访慰问活动、定期给共建党小组上一次党课、扶持一项产业发展、联系一家企业帮助脱贫"六个一"活动，并动员全办党员干部职工捐资助学29 200元，帮助解决贫困户孩子入大学的后顾之忧。

三管齐下，破解全面奔小康瓶颈问题

以问题为导向，通过广泛征求意见、深入调查研究，杨勇和村"两委"班子

一起，终于理清了"三管齐下"的思路：强化基础设施建设、推进各项社会事业、发展特色种养业。

组织召开村"两委"班子会议，研究近期主要工作：一是协调供电所施工队加快养蛇场电力专线施工进度，确保蛇苗安全过冬；二是协调施工队加快连村道路硬化、农田水利设施施工进度；三是商讨合作社分红事宜；四是督促包村干部、各村检查落实危房改造进度，确保按时间节点完工，使贫困户尽快搬进新家；五是加大全村环境卫生整治力度。

入户走访贫困户符春荡、唐朝董，查看危房改造进度，现场协调信用社为其发放小额贷款，用于发展产业。

组织扶贫户收看脱贫致富电视夜校第 64 期：陵水县五里村党支部书记黄丽萍宣讲十九大精神。

——摘自杨勇驻村日记

一是强化基础设施建设。杨勇将完善道路基础设施作为精准帮扶最重要的措施之一。一年多来，已完成雅望、林芳、朝鳌新村环村道路及岭尾村出村道路、红灯村连村道路硬化约 13 千米。尤其值得一提的是，由派出单位省接待办协调资金 300 多万元用于红灯村委会连村道路硬化的项目，满足了红灯村老百姓期盼多年的愿望。目前，红灯村委会全部实现道路硬化到户。

二是推进各项社会事业。杨勇和村干部一起，争取儋州市教育局支持资金580 多万元，用于红灯小学规范化建设，改善教学条件；组织落实教育补贴，全年对 230 户 470 人发放 58.33 万元。同时，协调省接待办拨付 2.92 万元对 2017 年贫困户大学新生进行资助，加大了教育脱贫力度。协调组织办理贴息小额贷款58 户，总金额 135.6 万元，较好解决了群众发展生产等方面的资金困难。医疗救助方面，贫困户大病救助 46 人，共发放医疗补贴 461.1135 万元，医疗费用按照政策全部得到报销，较好解决了因病致贫问题。村民参加电工、驾驶挖土机等技能培训后，一举转移劳动力 81 人。

三是发展特色种养业。产业是实现脱贫致富的要关键。"群众思想统一了，

关键就是怎么干了。"杨勇说。结合红灯村实际，大家找准发展道路，做好长远规划，大力发展产业，特别是全力打造儋州"第一蛇村"。杨勇和村"两委"班子多次走访村民创办的宝生源养蛇农民专业合作社，扶持其进一步发展壮大，带动贫困户发展，并邀请中国热带农业科学院专家，对打造蛇村进行规划设计。今年，投入 46 万元新建的 400 平方米蛇房已竣工使用，合作社养蛇总规模达到 10.6 万条，总产值达到 4 000 多万元。为了帮助合作社发展壮大，杨勇还积极帮助合作社注册公司，规范公司制管理；为了解决长期困扰养蛇合作社发展的电力不足问题，积极协调省接待办和镇政府，共出资近 18 万元用于安装电力变压器，保证合作社供电充足，确保蛇苗安全过冬；协调市统计局出资 4 万元用于建设冷库；等等。

此外，杨勇引导村民扩大山鸡养殖规模，帮助他们招商引资，畅通销售渠道，发展壮大山鸡养殖产业，带动群众脱贫致富。九湾岭山鸡养殖专业合作社带动了 11 户贫困户加入，收到了很好的效益。同时，支持村民们打造牛大力、莲雾、黄皮等种植基地，并正在与相关领域农业龙头企业洽谈牛大力等产业的深加工事宜。

杨勇还和大家伙一起开动脑筋，充分利用当地特色优势资源。依托南隆村的百年老泉，把下游 250 亩农田开辟为蔬菜基地，同时引进海南朴菜园生态农业有限公司，打造蔬菜种植、采摘休闲农业基地。依托村里到处分布的橡胶林，积极协调争取与中国热带农业科学院合作，大力发展林下经济，盘活橡胶林下的土地资源，共建了 140 亩益智南药基地，扩大贫困户经济增收渠道。

打造队伍，激发脱贫致富的内生动力

"既然是第一书记，就要一手抓党建、一手抓队伍，两手都要硬。"杨勇觉

得，第一书记终究会离开，但健全完善的抓党建促脱贫工作机制和基层党的坚强战斗堡垒会持续长久地发挥作用。为此，他把抓党建、抓队伍和培志气、培动力作为脱贫攻坚的一项重要工作来推进。在杨勇的带领下，红灯村加强基层组织建设，规范党组织生活，严格落实"三会一课"制度，完善党支部会议和学习、工作记录台账资料等；加强党员阵地建设，完善党员活动室的配套设施；认真抓好"两学一做"学习教育活动。特别是组织村干部和贫困户认真学习"两学一做"电视夜校和脱贫致富电视夜校，增强村党支部的凝聚力和战斗力。在杨勇的协调下，省接待办各党支部与村各党小组"一对一"结对子，手把手"传帮带"。

同时，红灯村"两委"班子建设得到了加强。"两委"班子成员定岗定责，明确各自工作分工。进一步健全《村规民约》《村务公开管理制度》《村"一事一议"制度》《村级财务管理制度》等规章制度。村委会办公楼得到了全面修缮，健全了村委会广场功能。

杨勇认为，要实现脱贫摘帽，村干部是十分重要的因素。为了提升村"两委"班子成员自身能力和素质，他想方设法开展学习培训，开阔村"两委"班子成员视野。比如，要求所有班子成员说普通话，锻炼他们的口头表达能力，等等。让杨勇欣慰的是，近来，村里挑选了 2 名能力强、素质高的年轻人担任村副主任，1 名年轻人担任村计生员，并将他们作为村级后备干部进行重点培养，发展村里的后备力量不断增强。

"其实，最穷的地方在心里，最难啃的骨头是'懒骨头'。"经过广泛调研和一年多的基层工作，杨勇深深感到，最影响脱贫成效的制约因素还是在思想意识上。有的贫困户内生动力不足，"等靠要"思想严重。如何激发大家的内生动力，变"要我脱贫"为"我要脱贫"？他逐人逐户宣讲党的扶贫政策，并通过悬挂扶贫宣传标语、群发脱贫励志短信、组织脱贫电视夜校活动等形式，深入搞好思想发动，营造积极向上的脱贫氛围。村里的调声也唱起来了，唱的都是党的好政策，脱贫攻坚的好形势，群众的积极性进一步被调动起来。

主要成效

驻村一年多来，杨勇入户数 360 次，谈心 390 次，召开村民大会 48 次，平均每天都要与群众促膝相谈、深入交流，帮助贫困户脱掉思想上的"穷根"。

在产业带动下，红灯村脱贫攻坚成效日益显现。村民创办的宝生源养蛇农民专业合作社，目前吸纳了贫困户 82 户，贫困户除了在合作社打工，还学到了特色养殖技术。2017 年年底，合作社对贫困户进行分红，每名获得 4 000 元的分红红利。"2017 年 10 月，我被评为全市脱贫攻坚奋进户，还奖了 3 000 元呢，这多亏了杨书记鼓励和帮扶。"村里的贫困户符泮五竖起了大拇指连声称赞。他利用政府的扶持资金，养殖了 1 600 多条蛇、12 只羊，种植牛大力 2.5 亩 500 多株，不仅有了稳定的收入，还搬进了宽敞的新家。如今，像他这样发生巨大变化的贫困户越来越多。

农田水利建设初见成效。杨勇积极争取，在派出单位省接待办主要领导的协调下，投入专项资金 300 多万元，用于对山塘水库、常塘水库和南隆村百年老泉 3 个水利设施进行修复建设，恢复其灌溉功能。同时，积极争取资金对新田水库、和康水库进行修复。目前，全村所有农田水利建设都已开工。完工后，将使全村 1 200 亩农田得到灌溉，结束全村群众靠天吃饭的历史。同时，该村还得到儋州市自来水公司的帮助，让村民们吃上了自来水。道路和农田水利设施建设，解决了红灯村老百姓许多长期想解决而没有解决的难题，办成了许多红灯村老百姓过去想办而没有办成的大事。同时，也赢得了群众的信任和称赞。

思考与启示

第一书记要驻村工作，融入群众，赢得信任是前提；上下联动，齐抓共管是保障；完善基础，破解瓶颈是支撑；党建引领，打造队伍是核心；因地制宜，发展产业是关键；激发动力，主动作为是良策；壮大集体经济，增收致富是长远。

驻村第一书记既是中央政策的落点、精准扶贫的支点和联通上下的桥梁，也是打通精准扶贫"最后一公里"的"金钥匙"。第一书记下不下得去、干得好不好，直接关系群众的获得感和脱贫攻坚的成效。必须始终坚持用真心换真情，用真情干工作，帮群众所需、舒群众所困、解群众所难。

看到驻村一年多来，100多名贫困户在自己的努力下实现了脱贫摘帽，杨勇感到再苦再累都值得。他思考着更多的"致富经"：要继续把产业壮大起来，发展集体经济，形成长久脱贫致富的支撑；要鼓励更多农民外出务工，走出去开阔视野，更新观念；要进一步打造村里的环境，建设美丽乡村……"我们还要继续加大工作力度，确保在全面打赢脱贫攻坚战的同时，努力将红灯村建设成为美丽富裕的新红灯。"他说。

真情实意助脱贫　小康路上蹄不停

——儋州市木棠镇兰训村驻村第一书记尹伟青

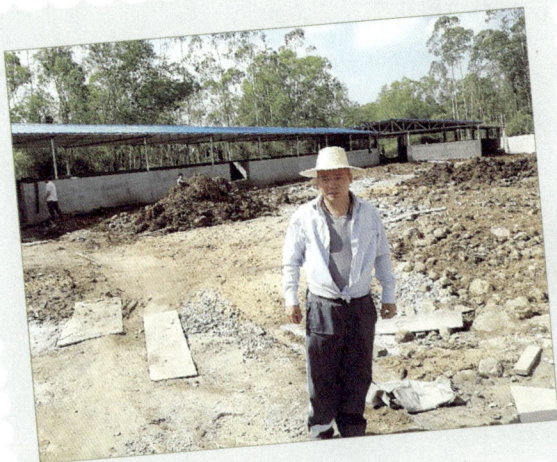

人 物 名 片

尹伟青，中共党员，平安银行海口分行经理。2016年12月被派驻木棠镇兰训村为驻村第一书记。由于在驻村期间表现突出，2017年度被儋州市委评为优秀驻村第一书记。

自驻村以来，带领村"两委"干部在兰训村生产生活条件较为落后、各种矛盾纠纷频发的情况下，积极推进村委会党支部建设，扎实开展脱贫攻坚工作。现有的建档立卡贫困户中已脱贫32户172人，未脱贫15户67人。2018年计划脱贫9户44人，2019年计划脱贫6户23人。

村庄情况

兰训村位于儋州市木棠镇北部区域，村委办公驻地于木园村，距儋州市区 43.1 千米、距木棠镇 8.2 千米。村委会下辖木园、番园、上番、下番、兰训、石宅 6 个自然村，全村 465 户，人口 2 456 人，土地面积 9 078.55 亩，其中耕地面积 3 328 亩。兰训村自有史以来都是以农业为主导产业，因土地贫瘠、十年九旱，缺少农业水利设施，村民的生产生活水平严重落后，导致大量人口外流形成"空心村"。村中建档立卡贫困户 47 户，239 人，占全村人口的 9.73%。

主要做法

党建先行，狠抓队伍实干之风

兰训村委会现有党员 28 名，其中大学生党员 4 名，占比 0.14%，党员学历普遍偏低，年龄偏大，整个支部组织较为涣散。"火车跑得快，全靠车头带。"一个支部就是一个战斗堡垒，组织涣散战斗力必然不足。

为转变这种不良局面，一年多来，尹伟青带领村"两委"干部积极推进党建工作，对症下药。一是从抓支部建设开始，通过时常和支委谈话，了解支委思想，通过细心调节让支部班子统一思想，形成凝聚力；二是严肃党组织生活，严格落实"两学一做"和"三会一课"制度使之常态化，在每月开展主题党日活动时，提前准备主题党日学习资料，如十九大会议精神、习总书记在庆祝海南建省办经济特区 30 周年大会上的重要讲话精神等资料，认真研读，在会上带领党员们学习先进思想，仔细认真地向参会党员讲述自己的学习感悟，在潜移默化中转化 28 名党员的思想，努力为党组织培养合格党员；三是经常关注时事新闻，积极学习党中央下达的各类文件，争取行动上与党中央保持高度一致，真正践行"知行合一"；四是培养村委会优秀青年人成为入党积极分子，为党支部注入新鲜

血液，一年来培养积极分子 3 名，发展党员 1 名。

村级"两委"阵地建设是党在农村各项工作和全部战斗力的基础。为此，尹伟青强化阵地建设。一是抓机制强组织，注重培养带动致富能手，从而提高干部积极性，让基层组织焕发新的生机与活力。二是抓制度强民主，建立健全各项制度，使村级党组织活动制度化、规范化、常态化。在尹伟青的带领下，兰训村严格落实"三会一课"制度，激发和培育基层党员民主意识、担当意识；抓好党务、村务、财务公开，做到"四议两公开"，由村务监督委员会负责监督，促进村级事务公平、公正、公开；从退休人员、复转军人、有威望的老人中选出合适人选成立村民调解委员会和村民调解小组，制定村民调解制度，积极开展调解工作，把不稳定因素化解在基层。三是抓阵地强保障。尹伟青多方筹措资金，加强兰训村基层组织活动阵地的建设，建立党员活动中心、便民服务中心，使帮扶村级党组织基本达到室外景观标准化、市内设施规范化、干部管理制度化、办公程序公开化，真正做到设施配套、功能完善、制度健全。

立足村情，形成合力真帮实扶

兰训地处儋州北岸，因十年九旱、地势低洼等自然条件制约，老百姓思想落后保守，人畜同住，不建厕所，生存环境极差。尹伟青来了以后，首先带领村"两委"干部，自筹资金，在村委办公楼后面，盖好了厕所和冲凉房，解决上厕所难和洗澡难的问题。其次大力整治村内环境卫生，要求保洁员每天清扫、村"两委"干部每天巡查，自此村内环境卫生大为改观。截至 2018 年 5 月 31 日，兰训村贫困户危房改造完毕，均已入住安全住房。

尹伟青利用一个月的时间，深入兰训村道小巷、田间地头，走村串户倾心交谈，与村干部、村民拉家常、谋发展。走访所在村老干部、老党员、经济能人、退休教师等，基本掌握了兰训村的基本情况，把群众疾苦、百姓需求记在心头，从中分析本村致贫、制困、制约经济发展的原因，做到边调查研究，边宣传党的支农惠农政策，边思考探索帮扶方案和措施。

近两年来，尹伟青及市税务局、驻村工作队、村"两委"干部立足帮扶实情，对帮扶村因地制宜、真帮实扶。一是每年"七一"、中秋节、春节等中国传统节日都要到帮扶村特困户、特困党员家中走访慰问，送去慰问品。二是针对帮扶村农户种养技术落后、年收入不高的情况，邀请专家现场讲课，为兰训村村民举办家禽、家畜、瓜果、花菜等现代种植养殖技术培训。在参加了多种培训并掌握了现代化种养技术后，越来越多的村民由原来的思想陈旧、保守，向发展新项目、新产业的观念转变，脱贫致富决心和信心明显增强。三是积极协调有关单位，争取、整合和落实有关基础设施项目，为兰训村建起了四通八达的交通网，方便了群众出行，也带动了地区经济发展。

一个地区的发展是建立在稳定之上的，脱贫致富的道路需要安定的环境作为保障。兰训村是电信诈骗重灾区，针对这一情况，尹伟青采取多方举措维护地区稳定。一是通过张贴各类电信诈骗危害社会稳定的宣传广告，进行警示教育；二是兰训边防派出所、镇政法办，对兰训村委会不定期进行白天和夜间巡逻，形成高压态势，震慑犯罪分子；三是通过村"两委"干部，了解本村情况，定期对辖区进行走访，让犯罪分子无处藏身；四是请儋州歌舞团、星星歌友会演出群众喜闻乐见的节目，移风易俗，弘扬文明新风，促进农村和谐稳定。

因地制宜，思想产业齐头并进

精准扶贫精准脱贫就是要号准脉下对药。尹伟青按照"扶贫先扶智""授人以渔"和"培训一人、就业一人、脱贫一家"的思路，实施了一系列措施。例如，兰训村通过开展扶贫公益培训，明显地改善了贫困村群众就医、孩子入托、

生活习惯、心理健康、文明行为以及文化生活环境，提升了贫困群众自力更生、艰难奋斗、积极向上的精神。此外，尹伟青通过组织贫困户收看脱贫致富电视夜校，通过实实在在的脱贫致富奔小康例子，让贫困户在内心产生强烈的发家致富愿望。再通过课后讨论，鼓励贫困户思考如何发展产业摆脱贫困，让贫困户从"政府要我脱贫"转变为"我要脱贫"，促进贫困户产生脱贫致富的内生动力和主观能动性。

在紧抓思想教育的同时，尹伟青积极寻找兰训村委会可以发展的产业，壮大集体经济。通过实地调研和充分论证，2017年10月18日，"三园农民种（植）养殖专业合作社"项目正式启动，项目自筹资金投入138万余元。项目启动之初，遭遇重重困难，尹伟青带着一帮敢想敢干的同志一起，硬是闯出了一条路，为合作社的顺利成立流血流汗。在征地方面，为了拿到10亩地，尹伟青及村委会副主任黎永国到那大开会20余次，最后还是黎永国副主任本着牺牲小我成就大我、舍己为人的高尚情怀，将自家的10亩地无偿作为合作社的用地，合作社选址的事方尘埃落定。在资金筹措方面，尹伟青数次参加村民代表大会，晓之以理动之以情，终于打通各路障碍，获得10万元支持，为合作社的成立多添了一块砖。

对于三园合作社的未来，尹伟青认为，产业只有实现规模化，才有好效益。为此，他为三园合作社制定了一系列规划，描绘出了三园发展的美好蓝图。一是产业联动，合作社不仅是生产基地，以后将是一个集生产、旅游、观光、共享农业于一体的产业基地。二是以水库为发展点，逐步向基地周边辐射，扩大合作社生产规模。计划先清理水库周边，并在水库中建立400—500平方米的人工小岛，将其发展成农家乐模式，再环水库建成亲水栈道和垂钓小屋，打造成饮食游乐好去处。水库下游，规划出30亩地，种上蓝莓、红草莓和台湾高效热带水果，打造一块体验采摘和劳作的地方。再利用番园村土山岩有沧桑历史的民居改造成民宿，让人们吃喝玩乐之外有个休憩放松的场所。

主要成效

在产业发展帮扶方面

三园农民种（植）养殖专业合作社于 2017 年 10 月 18 日正式开工建设，历时半年，于 2018 年 4 月 28 日全面竣工。该项目真正做到了因地制宜、长短结合以及可持续发展。前期重点发展鸡、鸭养殖等短平板块，其中水库放养肉鸭 5 000 只，养殖本地阉鸡 500 只、乌鸡 1 000 只，收益以产蛋为主。中长期以养牛、羊为主（牛为本地小黄牛 200 头，一年后翻一番；羊为本地黑山羊 100 只，一年后翻两番）；依托水库养鱼、鸭（水库已放鱼苗 10 万尾，年底有收益；养肉鸭为主，45—50 天出栏，截至 2018 年 9 月 15 日，肉鸭已出栏 3 批，收益达 3.5 万元），养鸡（喂养乌鸡 1 000 只，以产蛋为主，现已进入产蛋期）。目前村委会准备种植牧草 20 亩、玉米 10 亩，用于养牛养鱼养鸡。三园农民种（植）养殖专业合作社带动 47 户贫困户共同发展，解决了 8 名贫困人员就业，有望年底实现全村全面脱贫。

2017 年初，因养鸡企业违约，造成木棠镇贫困户养鸡合作社大量鸡蛋滞销，受镇党委委托，尹伟青帮助兰训、薛宅、铁匠 3 个村委会销售鸡蛋 8 万多枚、鸭蛋 2 万多枚、鸡 3 000 多只，切实减少了贫困户经济损失。

在社会事业方面

尹伟青及村"两委"干部从收集完善学生证明到教育补贴顺利发放到贫困户学生手中，所有手续及材料的整理审核工作都严格按照教育局要求进行，确保教育补贴发放工作的有序进行。2017 年春季共发放教育补贴资金 17.595 万元，惠及贫困户 68 户，贫困学生 145 人；秋季教育补贴资金 19.63 万元，惠及贫困户 69 户，贫困学生 154 人。2018 年共发放春季教育补贴资金 19.02 万元，惠及贫困户 69 户，贫困学生 150 人。2018 年 8 月 21 日，尹伟青组织召开兰训村贫困学子升学座谈会，会上向学子们传授成长经验，鼓励学生主动演讲，最后寄语"问渠那得清如许，为有源头活水来"以激励学子，并从自己工资中拿出 5 000 元作为助学金帮助困难学生。

在危房改造方面

兰训村危房改造 33 户，投入资金 165 万元，2016 年已完成改造 7 户，投入资金 35 万元；2017 年完成改造 25 户，投入资金 125 万元。2018 年拟改造 1 户，拟投入资金 5 万元。在新农合方面，投入资金 4.3 万余元，惠及贫困户 47 户，惠及建档立卡贫困人口 239 人，困难群众看病医疗费用均按照政策得到报销，缓解了不少群众家庭经济困难、群众看病难的问题。

思考与启示

扶贫先扶志与智，"扶志"就是要把贫困户主动脱贫之志气"扶"起来，增强他们脱贫增收的主观能动性；"扶智"就是从职业教育、农技推广、信息流通、渠道拓展等方面，培育有科技素质、有职业技能、有经营意识的新兴知识化农民，以开拓致富门道，转变农业发展方式。

脱贫攻坚，党建先行，党员带头，"两委"合力；进村入户，真帮实扶，主抓教育，危改医疗；因地制宜，双管齐下，扶志扶智，产业脱贫。驻村一年多来，尽管贫困户的生活条件有所改善，收入有所提高，生活有所保障，但是尹伟青觉得远远不够，他常感叹："群众离富裕的生活还有很大的距离，我们还有很长的路要走。"

扶志以自强，扶智以自立。部分群众之所以贫困，一个重要原因是精神上存在一定的"等靠要"思想，因此要让他们彻底告别贫困，首先得激发他们的志气，做好扶志工作。另一方面，贫困还与其受教育程度、文化水平和技能知识有关，因此在"扶志"的同时还要"扶智"。

·琼海市·

勤学苦练战脱贫　挖空心思搞产业

——琼海市石壁镇南通村驻村第一书记李寒丁

人 物 名 片

　　李寒丁，中共党员，琼海市长坡人，大学本科学历，2009年12月参加工作，现任中共琼海市委政法委员会执法监督协调室主任。

　　2016年11月担任南通村驻村工作队队长，2017年2月担任南通村驻村第一书记至今。在2016年脱贫攻坚工作中，他被琼海市委评为脱贫攻坚先进个人，2017年南通村被评为"优秀教学点"，他个人也得到表彰。

村庄情况

南通村委会位于石壁镇西部，离镇政府驻地 25 千米，是"十三五"建档立卡贫困村。该村下辖 4 个村民小组 253 户 1 339 人，有林地 7 070 亩，耕地 325 亩（水田），人均耕地面积 0.24 亩，村民主要收入来源为橡胶、槟榔、益智，2017 年底年人均纯收入 9 700.41 元。

全村有 3 个农民专业合作社（石壁南通插花尖蜂蜜合作社、石壁苗妹子五色粽合作社、石壁南通生态养殖合作社），带动贫困户 176 人。驻村扶贫干部 3 人，帮扶责任人 15 人。驻点帮扶单位为市委办、市委政法委、市税务局、团市委等 4 个单位。全村建档立卡贫困户 37 户 176 人，其中因病致贫的 2 户 12 人，占贫困人数的 6.8%；因学致贫 0 户 0 人，占贫困人数的 0%；自身发展动力不足 0 户 0 人，占贫困人数的 0%；其他原因 35 户 164 人，占贫困人数的 93.2%。危房改造 31 户。2014 年以前脱贫 3 户 13 人；2015 年脱贫 7 户 31 人；2016 年脱贫 35 户 164 人；2017 年脱贫 0 户 0 人；未脱贫的 2 户 12 人，当前贫困发生为 0.9%。

主要做法

自驻村工作以来，李寒丁坚持吃住在村，团结带领村"两委"和驻村工作队开展脱贫攻坚和"双争四帮"工作。

帮党建，抓好抓实基础性工作

一是抓学习制度落实。每月开展 4 次"两学一做"学习，形成制度。2017 年，共组织村"两委"及党员开展学习 63 次。2018 年已组织学习 21 次。每年给村全体党员上一堂党课，学习习近平总书记系列讲话的部分内容。十九大、建省 30 周年期间，组织全体党员观看视频直播，聆听习总书记讲话，并向全体党员宣讲习总书记的讲话精神。把"四议两公开"工作方法落到实际工作中，在 2018 年的村集体槟榔园管理、对外招投标、外出学习及其他重大村务决策上，全部采用"四议两公开"工作方法，让村委会取得了村民、党员的支持。二是组织村"两委"、党员、村小组长、村代表去母瑞山革命教育基地、沙美村、南海博物馆、排港村、海口市和牛养殖示范基地、定安粽子厂、万宁粽子厂等地参观学习，增加沟通，团结凝聚村集体力量，也提高认识，促进以后工作的开展。三是做好发展党员工作，把致富能人发展进入党员队伍，为村"两委"储备后备干部。2017年预备党员转正2人，发展入党积极分子1人。2018年预备党员转正1人，发展预备党员1人。新发展的党员全部都是热心村级公益事业的致富能人，在群众中威望都很高。其中，新党员马振学是苗妹子五色粽合作社的社长，是致富带头人，村党支部经过考察，认为他有责任有担当，就把他纳入党员队伍中。四是完善阵地建设。2017年争取到市国税局支持5万元，更新办公及会议桌椅，购置了3台空调，构建了4个宣传栏。2018年南通村将在市委组织部的帮助下，拆除现有办公平房（危房），建设高标准的办公阵地。

帮产业，高标准完成发展任务

（一）完成脱贫攻坚工作任务

李寒丁遵守驻村第一书记管理办法和驻村工作管理办法，除特殊时期外，每月均吃住在村，每月驻村工作时间均超过20天。从2016年11月初开始，他及南通驻村工作队定点在五四农场王克督家吃饭，定期结算伙食费。他通过驻村积极开展群众走访工作，每个月的月初都会计划5天时间，逐户走访贫困户、低保户。主要掌握家庭变化、帮扶措施落实情况，及时回应群众诉求。全村13户建档立卡贫困户和29户巩固提升户全部得到脱贫巩固，无返贫人员。他积极组织脱贫致富电视夜校收看，管理有序，组织到位。2018年，积极配合石壁镇委、镇政府完成全村漏评大排查工作，逐项完成漏评、错退、错评等初评、村"两委"评定、村民代表评议等工作。该项工作非常烦琐复杂，过程也十分辛苦，但是他坚持加班加点，白天在村里开展工作，晚上回镇里加班整理档案材料到晚上11点，有时加班到12点后就留在镇里休息第二天再回村里工作。这样坚持了1个多月，逐项逐样按要求完成工作。在2018年8月份的时候，成功迎接市委何书记、市人大邓主任、市委刘副书记及相关单位领导的3批次检查，并成功迎接省大比武观摩团的观摩，南通村的扶贫工作受到省、市领导们的高度肯定。

（二）严要求管理专业合作组织

2017 年 5 月，在他的帮助下，选派贫困户蒋启明到五指山跟班学习养蜂技术 15 天，培育了 1 名养蜂技术带头人，现在蒋启明能独立管理蜂场。为了能够深入管理蜂蜜合作社，他虚心向蒋启明学习掌握育王知识，并购买相关书籍白学养蜂。

2017 年 4 月，石壁南通苗妹子五色粽专业合作社在市地税局和镇政府的扶持下建起了厂房，改变了家庭作坊模式，端午节期间，共生产销售了 2 万多个五色粽，销售额达 20 多万元，纯利润 3 万多元。当时，五色粽子厂虽然有订单，但是产品质量上有问题，主要是五种颜色着色难，顾客反映没有颜色。为了解决这个难题，他根据大学生村官符传燕提供的研究方案，用时 1 个月，放弃夜间休息时间研究着色。他搬到粽子厂住，先是向粽子厂的妇女们学习辨别草药和传统草药提取技术；后根据他的方案从单一的草汁提取开始实验，逐一查找问题，最后形成一整套经验，确保了粽子着色固定。而后他把自己的实验研究结果毫无保留地传授给合作社。

在生态养殖方面，第一、第二批山鸡 2 600 只，销售所得 33 870 元。2018 年，阉鸡市场相对好点，在他的建议下，生态养殖改养阉鸡。2018 年 7 月，为了能养好阉鸡，他主动向鑫海农的专家学习养鸡技术。

（三）扶志扶智

南通村处于少数民族地区，因长期封闭及民族习性，无论男女老少大部分喝廉价自酿米酒，长期喝酒破坏了身体，也养成了懒根。这里的村民可以睡地板，坐大街，但一天不能不喝酒。南通，难通。以前人讲南通是因为路难通，后来 2016 年整村推进后大路通到了家家户户门口，可路通了人却"难通"了。

苏英文是市委政法委结对帮扶的贫困家庭，家里两口人，李寒丁第一次入户家访的情景仍历历在目：兄弟俩住在一间危房里，房子四周由木板围着，墙体破裂，睡的地方脏乱，看到帮扶人来，他也不起床，躺在床上抽烟，理都不理人，衣衫褴褛，手抖得不行，问他什么他都不停地说自己什么都没有，一副无所谓的样子。但李寒丁始终不急不躁，多次上门走访，和他一起吃饭，取得他的信任。经过多次深入交谈，为他制定了专门的帮扶措施。一是思想引导，帮扶责任人坚持每周到其家中交流谈心，用身边通过改变自己步入美好生活的鲜活例子鼓励他重新建立生活信心。二是帮助申请危房改造资金 5 万元，改善居住环境，房子已落成装修入住。并根据其自身诉求，在其新房楼顶安装光伏发电设备，在保障自用电的前提下，光伏发电每月将为家庭增收 500 元。2017 年，市委政法委再投入 4 万元帮助建设了 16 平方米的厨房 1 间和卫生间 1 间。三是帮助发展产业，在市委政法委和市扶贫办的帮扶下，为其建起了猪圈，购买 15 头黑猪和 300 株油茶苗发展种植养殖，中长线产业规划基本完成。现如今 15 头生猪已全部出售，取得可观的收入。苏英文还主动加入了石壁苗妹子五色粽合作社。现如今，苏英文被安排在养鸡场打工，每月有固定收入，整个人的精神面貌焕然一新，对自己和家人的生活充满信心。电视夜校开播后，每个周一晚上苏英文都会早早来村委会收看，并认真做笔记，有时候还主动发言，教育身边的贫困户。看到自己的生活变得越来越好，苏英文表示要珍惜这来之不易的美好生活。

在上级各单位的帮助下，南通加强技术培训，李寒丁提议把培训放在田间地头，更容易让群众接受，如养蜂、包粽子、山鸡养殖等技术培训都是实地操作为主，受到群众好评。他还针对群众需要什么技能就举办什么技能培训班。例如，群众需要山柚种植技术培训，他就联系专家在 2018 年 7 月份举办了 1 期山柚种植技术培训，也帮助村民和专家建立技术联系。

帮民生，真心实意为民服务

一是在完成南通 2016 年整村推进的道路、饮水、通信、改水改厕、危房改造、卫生整治等重点项目建设中，他绝对服从组织安排，坚持 3 个月不下山，轻伤不下火线，奋战在脱贫攻坚最前沿，第一时间跟踪推进项目进度，扎实完成领导交办的各项指标任务。二是关注民生，增强凝聚力。他来南通任职的一年多，逢年过节，配合上级单位开展慰问贫困户、五保户、残疾人、农村空巢老人和留

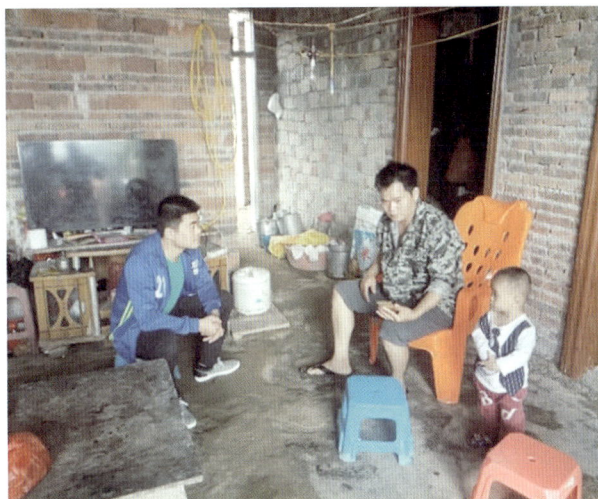

守儿童等活动不计其数，有效地增进了干群关系。三是协调各种关系，帮助南通村28户小孩落实户口。四是争取市水务局支持5万元，帮助南坦村修建拦水坝1个，有效灌溉10亩水田，获得村民称赞。五是积极配合镇委落实南通美丽乡村规划工作。六是积极筹划支持地方教育，建立南通村教育基金会，用于鼓励帮助家庭困难学生上学。今年他已经开展劝学15次，成功劝学3人，被劝回校的学生都成了他的好朋友。七是顺应民意，召开上眼村小组村民代表会议，帮助上眼村安装50个水表。水表费由村集体经济支出，安装及材料费经村小组代表讨论由村民自费，每人30元。八是几经努力终于让南坦和上眼2个村组正式通了通信信号。在2016年南通整村推进工作中，3家移动运营商在南通山上修建了1个信号塔，用于开通南坦和上眼2个村组的移动信号，这是整村推进项目中的一部分。但是，信号塔修好后，因未拉线连接入网，造成这个信号塔成了摆设，这2个村组依旧没有移动信号。李寒丁到任后南通村民多次向他反映这个问题，他多次与工科信局沟通，请求市工科信局协调运营商派出施工队，拉线入网、开通信号塔。得到市工科信局的支持后，在1个月时间里，他不间断地沟通联系运营商，不厌其烦地催促他们尽快落实拉线入网，终于，架不住他的软磨硬泡，运营商派施工队完成了拉线入网工作，使南坦和上眼2个村小组有了移动信号。现在村民都可正常使用4G信号视频，用上通畅的移动信号，村民都念政府的好。

帮稳定，提升治理水平

一是在市委政法委的帮助下，南通村修建了15米法制文化墙，有效地帮助南通村提高法制宣传能力。二是2017年市委政法委投入9万元，帮助南通村建设了高清视频监控系统；2018 年 3 月支持工作经费 2 万元，帮助南通村购置巡逻摩托车 2 辆；2018 年 7 月再支持 3 万元，用于村治网格化建设。以上这些都有效地提高了南通村治安巡逻防控能力，维护了地方社会稳定。三是积极参加村级调解工作，调解纠纷 8 起，经常性地开展矛盾纠纷排查工作，把矛盾纠纷化解在萌芽状态；同时组织村民开展村规民约学习，维护邻里关系和睦。四是始终坚持公平公正，以身作则影响村干部的工作作风，工作的主动性和积极性有了明显改变，南通村党支部和村委会的群众公信力大幅度提升。五是每年都组织村"两委"和村小组长开展 1 期《中华人民共和国村民委员会组织法》学习会，提高他们自治和依法办理村务的能力。在会议最后，他会组织学习《把信送给加西亚》一书，培养村干部勤劳、忠诚、负责的潜意识和创造性开展工作的执行力。

主要成效

村集体经济收入实现显著增长

2017 年 4 月，在村"两委"、村党员、村代表的大力支持下，经过"四议两公开"工作程序，李寒丁帮助南通村把村集体槟榔园约 3 000 棵槟榔收归村委会管理，并再次组织"四议两公开"工作程序按招标程序把槟榔园槟榔果收益对外招标。为有效管理槟榔园，经老党员提议，实行一年一承包，村集体经济因此实现增长。2017 年招标收入 5.88 万元，2018 年招标收入 10.53 万元。已经落实好槟榔园的园地管理，并把槟榔园的对外招标程序步骤也全部教授给村"两委"。

产业合作发展成效明显

2017 年，南通村插花尖蜂蜜合作社蜂蜜产量 150 斤共销售 13 500 元；2018 年蜂蜜产量 215 斤，用时 1 个月全部销售完毕，收入 19 355 元。养蜂合作社新增成员 16 人，通过党支部的引导和养蜂合作社的带动，现南通村已有 58 人发展养蜂业，共有蜂箱 185 箱。

思考与启示

由于南通村地处大山深处，历史和地理原因造成了同外界脱节，教育跟不上，村民文化水平低，不识汉字、不懂普通话，文明法治意识淡薄，脱贫内生动力不足。李寒丁驻村后，一方面加大入户谈心力度，把扶贫、扶志与扶智一遍又一遍地对群众讲，重点帮助他们树立自强自立意识；另一方面树立先进典型，用身边人影响身边人，激发他们勤劳致富的思想。利用这两个方法，成功帮助许多家庭树立了生活信心。最具代表性的是对贫困户苏英文的帮扶，把他从一个酗酒懒惰的人改造成了一个积极乐观向上的人。由此可证，这些措施都是可以借鉴学习的。

凝心聚力带队伍　统筹建设兴产业

——琼海市石壁镇水口仔苗族村驻村第一书记李敏

人物名片

　　李敏，中共党员，1988年生，大学本科学历，理工学士学位。2015年7月经琼海市安监局推荐，被市委组织部选派到石壁镇水口仔苗族村担任第一书记，与水口仔村广大干群一道，紧紧围绕农村工作大局，坚持从推动农村基层党组织科学发展建设入手，通过抓党建，带队伍，兴产业，促发展，迅速掀起农村建设发展热潮，得到了驻村群众和当地政府的充分肯定和高度赞扬。先后获得省优秀第一书记、省优秀共产党员、省脱贫攻坚电视夜校优秀班（组）奖、琼海市脱贫攻坚"先进个人"和连续3年机关事业单位年度考核"个人优秀"等荣誉。

村庄情况

水口仔苗族村位于石壁北部，是少数民族聚居村落（苗族村），距镇 8 千米，由新安村、岭应村、白腊田村和南滝村 4 个村小组组成。共有农户 233 户，人口 1 085 人，村"两委"干部 5 人，中共党员 24 名。耕地面积 500 亩，林地面积 6 200 亩，荒山地 461.74 亩，人均土地面积 6 亩。村民收入以种植橡胶和槟榔为主（橡胶面积占 2 / 3），是琼海市 5 个贫困村之一，也是市人民检察院定点帮扶的苗族村。现有石壁水口仔生态黑山羊合作社、石碧苗妹五色粽合作社、石壁水口仔苗绣合作社等。2015 年以来，水口仔村党支部带领全村干部群众奋战在脱贫攻坚第一线，汗水洒满水口仔，使村容村貌、百姓精神面貌发生巨大变化。

主要做法

建强基层组织，发挥战斗堡垒作用

一是抓好队伍建设。"火车跑得快，全靠车头带。"只有培养造就一支强有力的农村基层党组织带头人队伍，才能确保农村基层党组织始终发挥领导核心作用。因此李敏在驻村工作中，高度重视队伍建设。一方面做好农村基层党组织带头人的培养和选拔。拓宽选拔渠道，不断创新选拔机制，把德才兼备、干事出实绩、群众认可的大学生、致富能手、返乡优秀创业青年等，选拔到基层党组织带头人队伍中来，为基层党组织建设增添新鲜血液。另一方面加强对农村基层党组织带头人的管理，建立健全保障激励机制。建立考核奖惩目标管理机制，激励村党支部书记带领村民大力发展经济，使其真正成为具有号召力、战斗力和凝聚力的"领头雁"。对工作认真、业绩突出队伍成员予以奖励，拓展队伍成员的发展空间，使实绩与报酬相统一，权利与义务相一致，使他们有盼头。

二是发挥支部堡垒作用。无论是在推动特色产业发展还是在完善基础设施项目建设中，李敏始终坚持充分发挥党支部战斗堡垒作用，让党支部参与研究、参与决策、参与监督，积极引导、主动服务。村党支部成员的工作作风更加务实，党支部和村干部形象在群众中得到提升，服务群众的能力得到提高。紧密带动村党支部开展工作，以创先争优活动为契机，让党员积极投入带头脱贫致富工作中，发挥群众投工投劳搞村农田、道路基础设施建设和环境卫生整治，开展村党员活动日，组织支部成员到琼中、会山和五指山等地学习先进经验。

整合闲置资源，发展集体经济

经过实地走访，李敏发现水口仔村地处山区，山地资源十分丰富，但是农户思想落后，缺乏致富思路，收入主要依靠槟榔、橡胶、水稻等老三样作物，生活水平不高。近些年由于受橡胶价格低迷的影响，农民生产积极性大幅度降低，部分农民外出务工，致使一些土地没有产生效益。同时，水口仔村村民大部分都有过养羊经历，有一定的养羊技术，但是缺少启动资金和科学规划。李敏认为，想要发展农村集体经济，增加农民收入，必须立足于山地特色、发挥山地优势，因此，他决定成立黑山羊生态养殖示范基地，做一次科学发展尝试，以产业基地为纽带，推动水口仔村经济规模化、组织化、市场化发展，促进党支部与贫困户联产联心，激活水口仔村发展内生动力。

一是整合盘活集体资源。集体经济发展紧紧围绕盘活土地、资本、劳动力、技术等资源要素，对资源进行整合，评估认定以股权形式入股养羊基地，聚集发展要素，激活发展潜能，推动养羊基地加速发展。一方面，引导农民以土地经营权入股，在坚持农民土地集体所有性质不改变、耕地红线不突破、农民权益不受损的前提下，引导农民将闲置的、尚未产生效益的土地入股到养羊基地，促进农户与养羊基地联产联心，共同承担收益和风险。整合山地、林地，有效推动村集体经济的发展，解决了村党支部没有集

体土地发展集体经济问题，将长期以来闲置的资源转化为资本，发展壮大集体经济。

二是培育壮大优势产业。在市委、市政府的大力支持和帮扶单位市检察院的引导下，李敏采取一系列有效帮扶措施，按照"产业强、城乡美、百姓富、社会和"的标准，以凝心聚力建设海南东部中心城市为总奋斗目标，重点培育和壮大特色优势产业。他和村干部以"党支部＋合作社（职业经理）＋农户"方式发动水口仔村建立几个村级集体经济，特别是琼海石碧五色粽合作社基地建设形成一条产业链，共投入建设资金 505 万元。其中帮扶单位市检察院发动企业捐助 450 万元，主要用于基地建设（整个项目占地 10 056 平方米，建筑面积 1 019 平方米，包括厂房、办公室、公共卫生间和停车场等配套）；琼海市人民检察院产业扶持资金 50 万元，主要用于项目启动；市扶贫办扶贫资金 5 万元，用于基地人员培训和种植原材料。目前，琼海市石碧五色粽子厂的主楼已竣工，锅炉房建设和安装设备也已经试运作一次，各种生产设备已基本安装，调试中。此外，他还争取市检察院、安监局、扶贫办和镇党委政府支持，先后组队去万宁、定安和儋州那大，实地学习包粽子技术，请技术人员到水口仔村委会开班授课进行农民种植原料、糕点和包粽子技能培训，共 160 人次。

统筹兼顾，完善基础设施

立足石壁镇党委实际，坚持问题导向以整村推进为契机，积极完成乡村基础设施建设。包括通信畅通工程、文化建设工程、环村路建设工程、美丽乡村建设工程、乡村公路建设、安全饮水工程、农村低压线路改造、改厕、危房改造等，共计投资 1 650 多万元。先后完成党建基地扩建，村路 8.5 千米建设，修建儿童游乐场 1 个、两层楼（166 平方米）的苗族文化室 1 座，改厕工程 60 户，光纤进村入户，加固水库 1 座，危房改造 8 户等整村推进项目。有力解决了村民出行难、饮水难等问题，有效改善了水口仔村基本生产生活条件，提高了群众的生活质量。

主要成效

在李敏的带领和努力下，村集体经济发展强化了党建核心，升级了产业结构，增加了村民收入。水口仔村在组织建设、产业发展、脱贫攻坚方面成效显著。创造性地在水口仔推进"资源变资产、资金变股金、农民变股东"的"三转三变"改革，从根本上解决了资源、资金、农民分散这一阻碍农村发展的顽症。

完善基层组织建设，夯实农村发展基础

一是通过 2016 年换届选举为水口仔村选优配强了思想作风过硬、工作认真踏实、整体素质较高、群众公认的年轻党员加入"两委"，村"两委"班子平均年龄 32 岁，大大提高支部的领导能力和工作效率。二是按照"五化支部"标准，抓好党支部建设，落实好党建制度，不断提高支部科学管理水平。

牢牢把握加强党建核心的要求和农民增收的根本目的，把农村基层党组织建设作为推进集体经济发展的重要抓手，针对村基层党组织无钱办事问题，在保证党组织性质和帮扶政策、资金不变的前提下，充分调动村党支部抓村级集体经济的积极性，有效提升了村党支部统筹发展的领导能力。通过发展村集体经济，很好地把村党支部、贫困户的利益连接起来，实现了联产联心，发展壮大了集体经济，有效解决了村党支部无钱办事的难题。水口仔村集体经济发展是新形势下农村基层党组织建设发展集体经济的成功探索，通过资源变资产，将闲置的荒山荒坡变成了集体的股份，发展壮大了集体经济，提升了基层党组织带领农民脱贫致富的能力，提升了党组织在农民群众中的凝聚力和号召力，巩固了党在农村的执政基础。

产业发展助推脱贫致富效果良好

经济发展是农村建设的物质保障，李敏紧紧围绕水口仔村实际情况，充分利用自己的政策优势、部门优势和技术优势，带领村庄盘活集体经济、培育优势产业、引进资金项目、争取政策支持、优化发展环境，带动全村发展优势主导产业，也发动本地本村致富带头人帮助村民制定发展规划、开展技术指导、提供市场信息等，努力为农村经济发展探索有前景、可持续的好路子，推动农村经济社会全面发展。一是黑山羊养殖基地运营至今黑山羊存栏 168 头，其中种羊 98 头、羊羔 70 头，吸收贫困户务工人数 30 人以上，出售羊粪 750 多包和羊羔 17 头，共收入 3.42 万元，培养养羊技术 5 人以上成为水口仔村整村推进脱贫致富的有力支撑，突破了"空壳村"没集体经济收入的瓶颈，为水口仔村的农业生产注入

了新动力、增添了新活力，极大地激活了产业发展的内生动力。二是琼海石壁苗绣文化专业合作社成立于2017年4月22日，共有社员13人，是一个全部由农村妇女组成的农民专业合作社。合作社建设资金是市政法委和检察院各帮扶的1万元产业扶持资金，主要用于生产设备和原料的购买。合作社以"党支部＋合作社"管理方式运营，其中村党支部负责对外销售、接单，对合作社生产负有指导、监督等职责；合作社成员则利用农闲时间受理、生产支部接到的订单，按时完成任务。合作社的苗绣产品不但有几千年苗族文化沉淀的传统服饰，还融入了现代流行的元素，开发出了许多新时代的围巾、手机套、枕巾等，同时还可以按照客户的要求进行定做。三是光伏发电扶贫产业，由市组织部帮扶10万元和科工信局帮扶400万元产业扶持资金建设，面积500平方米，每小时发电量在75 kW以上，太阳能电池板使用寿命在25年以上，6到7年内就可回本，平均有18年以上的收益。产业建设在村委会和周边5户农户的屋顶上，没有消耗土地和人力资源，还能为村委会和农户充当隔热层，所产生电量不但可以出售到电网公司产生收益，还可以解决村内路灯、饮水等的用电问题。四是琼海石碧五色粽水口仔厂的建设于2017年10月18日开工，于2018年春节前投产，最大产量500万个五色粽。

发展集体经济，激活农村发展内生动力

过去村民们的收入都是槟榔、橡胶、水稻等传统种植业，由于种植面积分散，农户多，出售渠道不统一，无法在市场竞争中形成合力，取得价格优势，近几年橡胶价格低迷更是对传统种植业造成冲击。李敏在"土地公有制性质不改变、耕地红线不突破、农民利益不受损"原则下，积极引导农民以土地、劳务、技术等方式入股农业经营，推动扶贫项目产业化、规模化、市场化发展，提高抵

抗自然风险、市场风险的能力，实现了农民自身角色转变、生产方式转变、生产经营模式转变。解决扶贫资金使用分散效益低的问题，发挥扶贫资金的杠杆作用，实现可持续发展；改善农村生产关系，不断培育壮大集体经济，让困难群众富起来。农户自愿将个人的土地、劳动力、资金、技术要素入股，共同参与合作社的管理、运行，让农户从合作社的旁观者变为参与者、管理者、监督者。同时农户可以在获得年度分红的前提下通过合作社日常饲养管理、牧草收割等劳务工作获得报酬，拓宽农户收入渠道。

思考与启示

发展壮大农村集体经济要与基层党建相结合

一是加强农村基层党建，按照建设"五好"基层党组织的标准，以基层党建工作促进村集体经济发展，为着力推动和保障农村发展与和谐起到引领作用。二是发展壮大村级集体经济，是增强村级组织服务功能、促进经济发展的重要基础，更是加强农村基层党组织建设的迫切需要。因此，既要用发展壮大农村集体经济产生的集体收益解决村级组织服务能力弱的问题，又要通过建强基层党组织提升发展壮大农村集体经济的可持续发展能力。

发展壮大农村集体经济要与村级换届相结合

以村"两委"换届为契机，加强以村党组织书记为重点的村干部队伍建设，拓宽选人用人视野，创新村干部选拔培养管理机制，注重培养、吸收农村致富带富能手，储备年轻 "两委"班子干部，着力建设一支政治素质高、群众威信高、文化水平高和发展能力强、服务能力强、协调能力强的"三高三强"党组织带头人队伍，并加大培训力度，提高村级班子的素质能力。做好村换届与经济实体的衔接，充分发挥基层党组织的致富带头人作用。

发展壮大农村集体经济要与改革创新相结合

推进农村集体经济组织创新，必须以增加农民收入为出发点和落脚点，以推进农民专业合作社为抓手，大力发展农民专业合作社，实行"资源变资产、资金变股金、农民变股东"的"三变"改革创新，以"支部＋合作社＋贫困户"的形式，真正使集体资产"动"起来、"活"起来，实现集体收益。水口仔村是少数民族聚居的贫困村，必须坚持在党的领导下以增加收入为核心，以产业扶持为抓手，依托山区优势，整合资源帮助贫困群众打赢脱贫攻坚战。在脱贫攻坚工作中必须将扶贫和产业发展有机结合，在贫困户获得年底分红的基础上拓宽收入渠道、增加劳务收入，以较好地解决贫困户致富能力不强的问题，让扶贫产业的发展规模化、市场化、持续化。

·文昌市·

主动请缨助脱贫　为民办事奔小康

——文昌市冯坡镇凤尾村驻村第一书记邢增富

人物名片

　　邢增富，1979年生，大学本科学历，文昌市人民医院办公室副主任。2015年7月，当他得知卫生局党委要选派干部到村里担任第一书记时，他主动请缨，被组织任命为冯坡镇凤尾村第一书记。他常跟大伙说："我也是农村走出来的娃，老百姓的辛苦我无法忘怀，能够帮他们做点什么，是我的荣幸。"

　　工作有效率、办事不拖拉，为人亲和"接地气"，邢增富每年都被市委评为"优秀第一书记"和冯坡镇"优秀共产党员"。认真负责的态度也让他与农民兄弟结下了深厚的情谊，在第一批任期即将结束时，村"两委"干部和22名村民小组代表联名写请愿书请求市委组织部延长他的驻村任期。

村庄情况

凤尾村位于文昌市冯坡镇南面，离县城 40 千米，离镇圩 12 千米，是冯坡镇占地面积最广、人口最多的村委会。凤尾村有 16 个自然村，685 户，2 673 人，其中五保户 25 人，低保户 27 户，建档立卡贫困户 26 户 112 人。可以说，凤尾村基础设施落后，经济发展滞后，村民生活非常困难，村容村貌杂乱无章，是文昌市 5 个"十三五"建档立卡贫困村之一。

主要做法

帮党建　建强基层组织

初到凤尾村的邢增富通过 10 天不间断地走访 16 个自然村 22 个村民小组，了解到村里经济基础薄弱，交通处于末梢，卫生环境脏乱差……一个个影响村子发展的"硬骨头"浮出水面。他多次召开"两委"干部会议，研究制定了凤尾村以党建为抓手，以增加贫困群众收入为核心，以完善基础设施建设、发展社会公益事业、改善群众生产生活条件为重点，以实现整村脱贫为目标的发展思路。

然而，看着想干一番"大事业"的他，不少村民起初总是带着怀疑的眼光，认为只不过是上级部门派下来走过场的，一时工作比较被动。可邢增富却说："想群众之所想、急群众之所急是作为驻村第一书记的责任。"他经常到村民家中询问是否有困难，因为他的坚持与诚恳，群众开始信任他，把他当成自家兄弟，慢慢地，家里有个大事小情都会第一时间找到他。工作有效率、办事不拖拉，为人亲和"接地气"，让他深受群众喜爱。

就这样，邢增富推进工作的脚步开始加快，他不断努力提升队伍的治理能力，增强基层党组织为民服务、干事创业的能力、信心和决心。他规范基层组织制度建设，健全完善党支部职责、"三会一课"制度、党员议事制度等党组织工作制度，让制度上墙，工作有章可循。还落实村务、党务公开制度，按照"四议两公开"工作方法，设立村党务、村务公开栏，自觉接受群众监督。同时建立"为民跑腿"服务站，村民到镇政府部门所办事项，都由村委会代办，涉及生育证、户口、新农合报销等事项，也是"打通'最后一公里'，服务群众零距离"的落地版，得到群众普遍好评，有效拉近了村干部和村民的距离。

在凤尾村党支部办公室墙上满满的都是荣誉，见证着凤尾村党支部对基层党建工作的用心付出。在邢增富的带领下，凤尾村党支部连续两年被文昌市委评为"先进基层党组织"。

帮民生　为民办实事做好事

"上午下到村里，了解台风过后群众生产生活情况。下午陪同市工商联副主席黄兹志到贫困户林洪就养鸡场了解'百企帮百村'的实施情况；布置明天医疗下乡会场。晚上组织贫困户收看电视夜校，之后讨论学习心得，做到学以致用。"这是邢增富驻村工作日志里的一段话。任凤尾村驻村第一书记的3年来，邢增富养成了每天写工作日志的习惯，他不仅把每天的工作内容记录下来，还会把当天的感受都写下来，因为这样工作的时候头脑才会更加清晰。

驻村以来，村集体没有资金，他整合资源送服务；产业没有思路，他寻求外援促发展……在村子转型发展的背后，有邢增富奔波的身影。他致力于为村子跑项目、争资金，不断完善村内基础设施。在走访水堆南村时，有村民反映该村农田间一条长约1.5千米的水渠长期失修，无法引水灌溉，300多亩农田可能因为干旱导致颗粒无收。为此，他积极采取"四个一点"帮助解决，带头自掏腰包一点，发动群众出资一点，当地政府支持一点，村委会筹措一点，帮助水堆南村将水渠进行全面清杂和加深，解

决了 70 多户群众靠天吃饭的问题。群众都说：现在田里种什么得什么，多亏了邢书记为我们跑腿。

面对村里落后的基础设施，又是文昌市定为整村推进的贫困村，邢增富借助政府资金扶持倾斜优势，与镇驻村工作组一起积极争取扶贫开发整村推进项目，改善基础设施建设，2017 年在基础设施建设方面共投入 1 360 万元。利用财政专项扶贫贫困村基础设施项目资金 684 万元，对 9 条共 4 千米的村内路进行硬化和建设小型农田水利工程，目前 9 条村内路已经全面竣工交付，小型农田水利工程也已完成前期立项、初设和审核环节开始施工。利用第二批财政专项扶贫贫困村基础设施项目资金 676 万元，对凤尾村 11 条共 8 千米的村内路进行硬化，香山村村民文娱活动中心工程、香山村村容村貌整治工程、福积山村村容村貌整治工程、田界村挡土墙工程、田界村生产道路硬化工程、田界村农田排水沟改造项目、凤尾主道加宽及人行道改造工程等 18 个工程项目硬化道路部分已经全部竣工并交付使用。利用整村推进基础设施建设资金 200 万元，对凤尾圩村民小组进行村容村貌改造，目前已交付使用，效果初显。

除此之外，邢增富还为凤尾村的村民增加创业和就业平台，商铺从原来的 2 家增至 14 家，增加就业 31 人。通过市交通局投入的 157 万元完成了 2.4 千米长的村庄道路硬化。通过市商务局投入的 2.5 万元在凤尾圩建设电商服务站点并已投入使用。镇政府也投入 32 万元对 8 户符合条件的贫困户进行光伏扶贫项目安装，已投入使用，年均收入可达 5 000 元／户。邢增富还同时争取省规划委、市住建局的资金支持，农村电网改造、光纤网络建设、排球场、安全饮水等一大批扶贫项目均已完成施工建设并投入使用，集体经济收入也得到保障。

帮发展　推动精准扶贫

抓脱贫是第一书记的硬任务，脱贫是基础，致富是目的。"农村要发展，产业支撑是关键。"如何培养出支柱产业来，一直是邢增富思考的问题。根据凤尾村富余劳动力多和土地面积广阔、荒芜地多的实际，他自费与"两委"干部到邻近市县考察农村产业发展模式，经过深思熟虑，多次沟通，成功引进了文昌绿农农业专业合作社到香山北村投资建立凤尾村产业帮扶示范基地，种植香甜地瓜和青皮冬瓜等，盘活了撂荒多年的 300 亩农田。同时采取"贫困户＋合作社＋基地"

的发展模式，解决当地富余劳动力再就业，通过合作社对群众的扶贫，逐渐带动集体、农户实现增收。现有 5 户贫困户入股，2 位贫困户在合作社长期务工。

通过引进产业、发挥致富带头人的"灯塔"作用，2017 年凤尾村的集体经济达到了 3 万多元。在此基础上，凤尾村还与文昌绿农农业专业合作社签订协议，以 30 万元政府拨付的贫困村发展集体经济资金入股文昌绿农农业专业合作社，每年以本金的 10%进行分红，壮大凤尾村的集体经济。

扶贫先扶志。在带领贫困户脱贫的同时，他认真组织村"两委"干部和贫困户按时收看电视夜校，电视夜校第一课结束后，趁热打铁立即开始"第二课堂"的话题讨论，让贫困群众一看就懂、一学就会、一用就灵，使他们转变了"等靠要"的思想，树立了脱贫信心，帮助他们拔掉了"穷根"。

由于脱贫工作任务重，经常周末要驻村工作，没有特殊情况，邢增富从未向组织请过一天假。他家中父母都已 80 多岁高龄，常年卧床不起，急需家人照料，但是邢增富却一心扑在村里，很少有时间在父母床前尽孝，每谈及两位老人，一向坚强的他总是吞声忍泪，觉得愧对父母。2016 年 12 月的一天，接到妻子电话，说老父亲胃出血马上要动手术，得立即回来。当时邢增富正忙于村里扶贫工作，他安慰了一下妻子，又投入工作中去。等到晚上工作结束后，邢增富才匆匆赶到医院，看着手术后躺在病床上沉沉入睡的父亲，泪水盈满眼眶。家人让他申请回到原单位上班方便照顾家庭，邢增富说："还有很多村民需要我的帮助，组织需要我去落实未完成的工作，不能半途而废。"村干部都说："真看不出是市委派下来的领导，毫无架子，尽想着村里的扶贫。"对于邢增富来说，他是把扶贫当作一项事业，和村干部一起，全力为村子的未来谋划、打拼。修桥建路、环境整治、农业基础设施改造……一件一件实事得到了推动和落实，看着村子一步一步慢慢变好，村庄整治让全村美起来，他非常欣慰。

巧借"嫁妆" 改善凤尾村医疗条件

贫困户云大发 2017 年不慎摔伤，造成身上多处骨折，邢增富知道后第一时间赶到现场，协调市人民医院办理住院抢救，垫付 3 万元完善转院报销各类手续，使云大发得到了及时的治疗。考虑到云大发是家中唯一劳动力，他发动市帮扶责任人及镇、村干部捐款 1 万多元解决其住院期间家庭日常开销。

早在此之前，邢增富就十分注重凤尾村的医疗发展，他经常借助向市卫计委、市人民医院领导汇报工作的机会，争取多拿一些"嫁妆"，最终在领导的大力支持下，市人民医院组成20人的专家队伍到凤尾村送医下乡，为村民义诊232人次，免费发放8 000余元药品。不仅如此他还安排村"两委"干部和22个村民小组组长共30人到市人民医院免费进行全面体检，让村干部感受到党组织的关心关爱，确保他们身心健康，更好地履行工作职责。

献爱心　自费资助贫困学生

贫困户林尤良是邢增富任驻村后走访的第一户贫困户，当他第一次走进林尤良的家中，映入眼帘的是简陋内屋，墙上挂满了林尤良儿子林明茂的学习奖状。一张张奖状一下子吸引了邢增富的目光。在聊天的过程中，邢增富了解到，林尤良的儿子林明茂以762分考取文昌中学，本是件值得高兴庆祝的事情，可林尤良一家却怎么也开心不起来，因为家里3个小孩读书，家中没有稳定收入，高中的学费对他们的经济条件来说无疑是雪上加霜。对此，邢增富每年自费资助他的孩子5 000元，3年共计15 000元，直至2017年6月林明茂高中毕业。

崇文重教　打通孩子们的求学之路

教育是村子发展的长远大计，邢增富十分清楚这一点，去年他又带着村干部四处发动群众和企业家奉献爱心，并带头捐款1 000元，共筹集了6万多元的教育基金给村里慈善会，用来资助17名考上重点中学的困难学生。

凤栖希望小学是冯坡镇凤尾村委会水堆村、下淡坡村、蔚山村等几个周边自然村孩子上学的学校，由于交通不便，孩子们上学往往要绕行七八千米，路程较远且存在安全隐患。在了解情况后，邢增富经过与村"两委"干部商量研究，在冯坡镇委、镇政府的支持下，在学校与村庄之间新建了两条乡村道路，给孩子们上学提供方便。

主要成效

在邢增富任凤尾村驻村第一书记期间，他以共产党员的责任和担当，凭借着特别能吃苦、特别能战斗、特别能奉献的精神，为这个贫困村带来了新的面貌和新希望。凤尾村搭着文昌市整村推进扶贫的"快车"，积极行动，整治村庄环境，重新规划村容村貌，建设基础设施。从"软弱村"到"样板村"，从"贫困村"到"小康村"，凤尾村实现了华丽蜕变。行走在现如今的凤尾村，各村村巷干净整洁，绿茵连片，村道两旁三角梅随风摇曳，道路指示牌、村规民约宣传栏整齐划一，新增的路灯造型别致优美，村舍墙面也绘上了"社会主义核心价值观"和"中国梦"等彩绘图画。

下一步，凤尾村还将整合使用扶贫资金，以基础设施建设为突破口，着力解决村子电力、通信、农田改造等问题，全面补齐凤尾村基础设施的短板，摘掉凤尾村的"穷帽子"。

思考与启示

从繁华的市区来到偏僻的乡村担任第一书记，不仅工作环境发生了改变，而且工作对象也更加复杂，驻村工作对第一书记来说一切都要从头开始。虽然压力大、责任重，但要有不退缩不气馁的精神，吃住在村，坚持"用脚步丈量民情"。要尽快掌握所驻村的基本情况、群众生产生活状况，不但要起早贪黑走村串户，深入农户走访调查，还应向乡村干部请教，与广大群众谈心。根据走访调查和分析，找准适合所驻村发展的工作方向，制定工作台账。站在群众立场上，想群众之所想，急群众之急，要把群众当成兄弟姐妹，把老百姓的事当成自己家的事。只有真诚付出才能换来真诚以待，真心扶贫来不得半点虚假。

　　如何带领村民加快发展步伐？就要从抓党建工作入手，让村党支部发挥战斗堡垒作用，成为全村发展的"领头雁"。村党支部有了战斗力，村民脱贫致富就有了主心骨。第一书记不光是帮助农民摘掉"穷帽子"，还要树立基层党支部的威信，提升队伍的治理能力，进一步增强基层党组织为民服务、干事创业的能力、信心和决心，以坚实的党建基础引领扶贫工作开展。

·万宁市·

体民情　解民忧　打好扶贫温情牌

—— 万宁市后安镇白石村驻村第一书记陈建

人 物 名 片

　　陈建，中共预备党员，大学本科学历。2018 年 4 月，到后安镇白石村担任驻村第一书记。

　　在日常工作中，陈建以身作则处处争当表率，与农户一起干农活拉近党群距离。扶贫工作力求精准，认真开展"漏评""错退"大排查工作。贫困户有困难他都能记在心上，被村里人亲切地称为"陈书记""大哥哥"。

村庄情况

白石村委会位于万宁市后安镇东部，共 2 个自然村，6 个村民小组，人口 1 236 人，全村共有建档立卡贫困户 18 户 92 人，档外低保、特困 12 户 37 人，该村是万宁市 2018 年党组织软弱涣散村。

主要做法

抓党建促脱贫

白石村是党组织软弱涣散村，村"两委"班子的不团结直接影响到其他党员的战斗力，无法发挥出基层党组织的战斗堡垒作用。因此，加强党员干部的凝聚力和向心力成了当前白石村党建工作的首要任务。自驻村工作以来，陈建就迅速转变工作角色，牢记第一书记"抓党建、促脱贫"的责任和使命，紧紧依靠村党组织，带领"两委"班子做好"双争四帮"工作。他把开展党建工作、化解班子成员间矛盾作为"发力点"，利用"两学一做"电视夜校和"三会一课"平台，在党组织生活中和村"两委"干部进行深入的思想交流，强化大局意识和责任意识，帮其化解矛盾，使村委会能统一步调回到正确的工作轨道中来。

在日常工作中，陈建也是以身作则处处争当表率。党员陈修青说："陈书记刚下来时，我们都以为城里人吃不了苦，没想到这人比我们还能干，不管什么脏的累

的照样干，过来几个月都晒成什么样了。以前村干部都是叉着腰在旁边指挥你干活，现在个个都学陈书记卖力干活了。"为此，陈建却自嘲说："来农村基层工作你还怕晒黑还怕累？黑就是共产党员的本色嘛！"虽是预备党员，他把对党的忠诚和对工作的敬业落实到实际工作中，牢记第一书记职责，处处体现了一名共产党员的本色和风采。

做好精准扶贫排查工作

脱贫攻坚工作中，陈建最放心不下的是该村扶贫工作的精准度，这也是脱贫攻坚工作中群众反映最多的问题，他带领"两委"班子进村入户，认真开展"漏评""错退"大排查工作。"家里有几口人""房子什么时候建的""年收入多少"，一一摸清。根据省市关于开展"漏评""错退"大排查工作要求，作为脱贫攻坚中队长，陈建组织驻村工作队、村"两委"干部和村民小组长，共 23 批次 414 人次进村入户开展大排查工作。经过近两个月的排查，完成了对白石村 271 户 1 236 人的排查工作。入户调查期间，陈建同所有调查组成员始终做到政策宣讲到位、排查审定和佐证资料收集到位、评议对象公示到位、政策解释到位，确保本村不"漏评""错退"一户。

此次排查过程中，部分边缘户对不能纳入贫困户存在异议。陈进荣家中有 1 人大病，2 个子女上大学，在此次入户调查时打分低于 80 分，但民主评议未通过，属于边缘户。刚得知评议结果时陈进荣情绪较大，拒收不符合告知书。陈建多次上门拉家常，向其宣传有关扶贫政策，协调驻点单位对该户进行慰问，并帮助申请大病临时救助。现在只要看到陈建他都会打趣道："陈书记啊，我家有 3 个女儿跟你差不多大，你看下有没有哪个合适的啊。"

大事着眼，小事着手

又是一年暑假，又是一年升学季。但在这三伏天里，可愁坏了陈龙生。陈龙生是白石村 2017 年脱贫户，今年 6 月，两个女儿同时初中毕业后却表示不想读书了，这跟他的设想可不一样啊。由于陈龙生和妻子长期在外务工，家中仅有留守父母和子女，极少跟子女交流，快入学了才知道这事。此时用"热锅上的蚂蚁"来形容他不足为过，可他人回不来，年迈的父母又无法做通两个女儿的思想工作。

这时候，陈龙生想到帮扶责任人陈建。"陈书记啊，我家两个女儿不想读书了，麻烦你去我家劝一下。"接到电话后，陈建当晚就去他家做两个女孩的思想工作。第一天上门，吃了个闭门羹，两个处于叛逆期的女孩关在房间里打游戏，根本不搭理陈建。第二天，好不容易逮到人，也是几句"嗯嗯啊啊"应付了事。陈建想："不行啊，这都快开学了不能拖了，得换个方法。"第三天一到陈龙生家，陈建就吆喝："来啊，组团开黑啊。"在几局游戏后，陈建便跟两个女孩聊得熟络了。了解到她们不想去读书的原因还是因为家里太穷，认为读中专技校花费较大出来也不见得能找到好工作，还不如早点出来打工给家里减轻负担。

知道原因后，剩下的就简单多了。陈建耐心地跟她们解读市里关于教育扶贫的一些政策，告知读中职的贫困家庭学生市里还是会继续帮扶的，每人每年有2 900元的补贴，一些学校针对贫困学生还有减免学费的政策，基本都能满足上学所需。好不容易做通了思想工作，两个女孩同意上学了，又面临学校、专业的选择。陈建事后说："这可比我当年高考报志愿时费心多了，要看学校的师资力量，要了解她们的兴趣爱好，要分析专业的就业前景。"最终，一个去了海南省第四卫生学校，另一个去了海南华健幼师职业学校。陈建也已帮她们申请了2018年秋季教育补贴。

"大哥哥又过来了，这回带了什么好吃的给我？"还没进门，陈艳娇就跑过来抱着陈建的大腿撒娇。陈艳娇是贫困户陈家云的二女儿，今年刚升幼儿园中班。

陈家云家共5口人，育有3个女儿，妻子尚在哺乳期且患有听力障碍无法外出务工，全靠陈家云一人收废品维持家庭生活开支，家里为数不多的家电还是驻点单位去年捐赠的。一次入户走访，陈建听到陈艳娇在跟父亲抱怨："为什么别的小朋友家里的冰箱塞满了吃的，我们家的冰

箱什么都没有。"言者无意，听者有心。陈建转身返回宿舍拿来自己的早餐干粮给陈艳娇，小女孩满心欢喜。自此，只要每次去陈家云家，文件袋里除了装有一户一策、责任牌等材料外，陈建都会带一袋坚果或几盒牛奶，还在工作之余上门为陈家云大女儿补习功课。

主要成效

夯实基础、激发活力，切实增强党组织战斗力

一是基层组织建设进一步加强。紧紧围绕"党建＋"工作思路，深入开展"勇当先锋、争当表率"活动，增强村党组织战斗力，切实发挥好基层党组织战斗堡垒作用，为白石村尽早摘掉"软弱涣散"帽子夯实组织基础。二是"三会一课"等基本制度得到有效落实。摒弃过去"在会议记录上开会""党建工作可有可无"等错误理念。扎实推进"两学一做"学习教育常态化制度化，加强村级党员干部的教育管理。待村委会新办公楼建成使用，村级党组织活动场所即可得到完善，在脱贫致富的道路上更有干劲，更有希望，更有依靠和活力。

提高认识、严把标准，群众满意度大幅度提升

"群众满意度"是各级督查组的考核点，也是我们工作的首要关注点。当前，脱贫攻坚工作形势越来越严峻、要求越来越高，容不得半点马虎。通过"漏评""错退"大排查，可以清楚地看出脱贫攻坚工作的现状，准确地找到工作中的不足。群众意见最突出的就是有些危房户、大病户依然存在"争当贫困户""抢戴贫困帽"等问题；群众认为最亟须解决的就是"贫困户建房面积超标""装修超豪华"等问题。可以说，通过大排查科学地把脉，为加强和改进白石村脱贫攻坚工作指出了关键问题和薄弱环节，从而有针对性地采取措施打赢脱贫攻坚战。

思考与启示

一是第一书记要主动作为，充分发挥指导引领农村基层组织的能动作用，坚持正确的、坚持该坚持的，而不是被牵着鼻子走。二是扶贫先扶智，让农村贫困家庭子女都能接受公平有质量的教育，才能从根本上阻断贫困代际传递。作为第一书记必须把教育扶贫放在心上，抓在手上，动员各方面资源，积极协调社会力量参与教育扶贫。三是在工作调研中一定要善于发现村民在生产生活中的实际困难，找准破解难题的突破口。四是争取派出单位支持，尤其是在工作中遇到困难时，必须坚定不移地依靠这个大后方。

·东方市·

撸起袖子加油干　暖心帮扶赢民心

——东方市大田镇乐妹村驻村第一书记王联春

人物名片

　　王联春，中共党员，1966年生，大学学历，海南大学教师，曾获海南大学优秀共产党员、五一劳动之星、东方市优秀第一书记、东方市先进驻村工作队员、海南省脱贫致富电视夜校优秀教学班长等荣誉。

　　2015年7月，根据省委组织部统一安排，王联春作为省直机关选派驻村第一书记，来到乐妹村开展扶贫工作。王联春用"有问必答不回避，有求必应不推诿"的暖心精神，激发了贫困户的脱贫内生动力，在3年多的精准扶贫工作中，取得了可喜的成绩，如今，乐妹村发生了巨大变化。

村庄情况

大田镇乐妹村位于东方市大田镇东南部，是个深度贫困的黎族村庄，全村124户554人，贫困户就有104户467人。全村土地总面积7 506亩，其中村集体地4 926亩，耕地1 780亩（旱地1 500亩，水田280亩），林地800亩。

主要做法

抓党建，促脱贫，共产党员发挥带头作用

作为村党支部第一书记，王联春深刻认识到加强农村基层组织建设的重要性，经常组织党员干部座谈，了解掌握他们的思想动态，征求他们的意见建议，增进彼此间的感情，为开展工作统一思想、凝聚民智。同时，积极采取送党课进村、组织外出学习、奔赴红色基地培训等多种形式，提升乐妹村党员干部队伍素质，增强党组织凝聚力、战斗力，形成抓党建促脱贫攻坚的强大合力，引导贫困户摒弃"等靠要"落后思想，让贫困户知道"幸福都是奋斗出来的"的真正含义，实现由"要我脱贫"到"我要脱贫"的根本转变。如2017年，王联春积极争取派出单位海南大学的支持，组织乐妹村全体党员和入党积极分子到海南大学开展"学习宣传贯彻党的十九大精神抓好党建促脱贫攻坚"主题活动。

在活动中，成功协调海南大学8个二级单位党组织负责人与乐妹村8个党员干部小组组长签订"一对一"结对帮扶协议，重点对思想

政治教育、法律援助、文体活动下乡、支教实践、土地资源测绘和社会治理、农村淘宝电商技术指导、农业种植和农产品检测技术指导、养殖技术指导等八大方面进行帮扶。同时，组织乐妹村8个党员干部小组与乐妹村124户结成帮扶对子，构建"三级联动"帮扶体系，制订"三级联动"帮扶明细表，形成了"党员、干部、群众齐心协力共同推进抓党建促脱贫攻坚工作"的良好局面。

抓教育，扶智力，斩断贫穷"遗传链"

作为一名教育工作者，王联春深知教育在脱贫攻坚中的重要性，扶贫先扶智，实施教育精准扶贫就要努力提高村民素质，转变群众落后观念。王联春协调海南大学53个学生团支部与53户有在读学生的家庭建立"一对一"互联互通，让乐妹村87名学生从幼儿园到大学一直得到陪伴和跟踪帮扶。截至目前，互联互通已实现100%全覆盖。十分付出，一分收获，王联春成功帮助乐妹村这片教育贫瘠的土地走出10名大学生，其中一名学生符熙媛在"新丝路·新童歌2016快乐阳光中国少年儿童歌曲卡拉OK电视大赛"少年A组比赛中获得金奖、在第二十届全国青少年五好小公民"阳光校园·我们是好伙伴"主题教育读书演讲比赛总决赛中获小学组三等奖、在海南省平安校园行"中学生交通安全主题演讲总决赛"中获得第一名，2018年参加中国教育电视台《请教请教》栏目荣获最佳表演奖。此外，在王联春的不懈努力下，海南大学于2016年正式下文免除乐妹村学生就读海南大学期间的学费和住宿费，海南大学学生陈颂梅和何亚菊都享受到了王联春的努力成果，四年的学费和住宿费全部免除，极大减轻了家庭的负担。

为做好乐妹村小学生的教育工作，王联春先后协调海南大学、市教育局兴建乐妹小学图书室1间（藏书2 000多册）、小学运动场1个、教师周转房6间，创建

暖阳书屋，建立海南大学志愿服务实践基地，等等。同时，他还组织村民到延安培训，学习延安精神。在村委会兴建科技文化图书室，藏有农业科技类、少儿类和社科类等书籍3 500多册，安排专人管理，定时开放，让村民们空闲时从麻将桌、酒桌走向书桌，陪着自己的孩子一起读书、一起提升，父母学习种植养殖技术，孩子提高学习成绩。现在村民的思想观念改变了，对美好生活的向往更加强烈，脱贫的信心也更足了。

抓民生，求实效，改善村民生产生活条件

王联春当初来到乐妹村时，这个贫困村庄给他的第一感觉就是比较落后、比较零落，感受最深的是房子，一眼望去基本上没有一间像样的平房，都是瓦房。每逢下雨天，一些房屋还出现漏雨，碰上台风天，房屋漏雨情况更加严重。为了让村民们住上有保障的房子，王联春积极帮助村民申请危房鉴定，但在申请危房改造的过程中，却遇上了一些难题。文凤英是村里的贫困户，3个孩子都在读书，在危房鉴定时，文凤英家的房子鉴定属于面积不足，按照补贴标准只能拿到3万元，而不是最高的5.5万元。因为资金上的差异，文凤英拒绝修建房子。王联春得知这一情况后，带着村干部多次入户进行沟通协调，既耐心细致地宣传政策，又苦口婆心地教育引导，有时甚至一天之内"三顾茅庐"，经过晓之以理动之以情地做工作，王联春的真情打动了她，最终乐意接受面积不足的3万元补贴。现在，文凤英经常对别人说："感谢王书记，原来3个女儿回来就挤在一间小房里，现在3个女儿放学回来有地方住，做父母的就高兴了。"

抓产业，谋发展，实施乡村振兴战略

乐妹村以前主要靠种植水稻、甘蔗和少量瓜菜等传统农作物，市场行情不好，价格低迷，因此农户收入较低。为了让村民早日实现脱贫致富，王联春开始实地调研，肩上背着背包，挎着水壶，手里拿着贫困户手册，骑着一辆摩托车，奔波在乐妹村的村内小巷和田间小道上。经过协调，他充分掌握了乐妹村情况，因村施策，谋划符合实际的产业发展路子，先后发展了山柚种植、兰花种植等产业。

王联春深入调研海南农产品销售情况，了解海南山柚供不应求、价格走高的市场行情，于是带着村"两委"干部一起积极调整发展产业计划，推广种植海南

山柚。2015年10月，王联春组织阵容强大的海南大学山柚科研团队共13人到大田镇召开海南山柚产业发展座谈会，宣传和推广海南大学科研成果"柚茶1号"。紧接着，科研团队实地考察乐妹村的地形、气候、土壤、水源等基本情况。经实地考察分析，乐妹村土地属砾质砖红壤土，气候温暖、光照充足、水源较为丰富，适宜种植海南山柚。

2015年10月，为了提高农户种植技术，王联春协调大田镇领导干部和乐妹村、二甲村等6个村的村干部共24人到琼海实地考察山柚产业发展状况，并确定先在乐妹村建立海南山柚种植示范基地。拿到优先推广种植的"通行证"后，王联春积极邀请专家到村开展山柚栽培技术培训10次，发放手册185本，受益人数达560人次；免费给农户发放山柚种苗和有机肥料，并于2015年11月成功在乐妹村推广种植海南山柚240亩。目前，山柚长势良好，2018年可挂果产生经济效益，预计8年后可达到丰产期，按每亩50株，平均每株50斤，每斤预计6元，亩产值可达1.5万元，收益期非常长。

为了解决产业发展单一的问题，王联春充分利用东方市独特的热带气候条件和海南大学的科学技术优势，向相关职能部门争取到了135万元资金，采用"高校＋党支部＋合作社＋贫困户"的经营模式，重点发展秋石斛兰花产业。通过积极组织村"两委"干部进行采购设备与种苗、修建机房、包装大棚等各项基础设施建设工作，乐妹村很快就建起了10亩大棚。他采取"以工代赈"形式，号召村民参加大棚建设并获得劳务报酬，在激发村民干事创业积极性的同时增加农户收入。通过依托海南大学的种植服务、东方迎南兰花合作社提供的种苗和销售渠道，目前已种植兰花17万株，上市销售5万多株，收入53万多元，产品供不应求，远销广州等地。

2017年冬季和2018年春季，受市

场影响，乐妹村许多村民养殖的家禽、种植的农作物出现了滞销现象，他第一时间与海南大学联系，寻找解决良方，号召海南大学师生踊跃认购，利用"线上＋线下"的营销手段，帮助村民打通农产品销售"最后一公里"，解决了农民的后顾之忧。据统计，海南大学师生事务保障中心以高于当地市场价的价格收购乐妹村滞销的家禽 8 000 多斤、茄子 1.5 万多斤、南瓜 9.2 万多斤、黄秋葵 7 800斤、圣女果 2 600 多斤、甜玉米 14 万斤，为农户增收近 35 万元，得到村民的一致好评。

主要成效

王联春担任第一书记以来，始终坚持吃住在村、实干在村，工作兢兢业业，任劳任怨，几乎每天都是中午不休息，晚上工作到深夜，"5+2""白加黑"成了常态，"白皮肤黑头发"干成了"黑皮肤白头发"。截至 2018 年 8 月底，王联春共为乐妹村协调争取资金逾 2 000 万元。在他的带领下，实现脱贫 98 户 453人，贫困户符意帆还荣获 2017 年度全省脱贫攻坚奋进奖。村民年人均纯收入由2015 年的 2 836 元增长到 2017 年的 3 985 元。每次考核组到乐妹村对王联春进行考核时，村民都纷纷表达不想让他离开乐妹村的想法，希望一直有他这么一位爱民为民的好书记，他用实干担当的作风赢得了镇村两级党员、干部、群众的广泛点赞。

王联春先后协调海南大学、东方市政府相关部门，完成了村容村貌规划和污水排放规划设计，修建了入村大门和围墙、公共厕所、80 平方米的老年人活动中心、150 平方米的文化室、107 亩太阳能灌溉设施、300 亩电力灌溉设施、60平方米的碾米机房；完成危房改造 79 户，改厕 105 户；新修水渠 1 800 米、硬化水渠 950 米，硬化村庄道路 1 200 米；完成自来水入户工程，解决 124 户村民用水难问题，从根本上改善村民的生产生活条件。

2018 年，乐妹村种植的兰花参加三亚第十二届国际热带兰花博览会，荣获优秀奖。鉴于兰花产业发展的良好势头，王联春积极协调相关部门，2018 年又争取到 150 万元发展资金，用于扩建 10 亩大棚，逐步扩大规模，全力打造"一村一品"。此外，王联春还积极带领村民发展种植养殖产业，饲养黑山羊 500 多只，种植山兰稻 150 亩、瓜菜 850 亩、甜玉米 60 亩、甜竹笋 30 亩等，真正实现因地制宜发展产业。

思考与启示

一是要坚持住宿在村，吃"百家饭"，串"百家门"，凡事力争亲力亲为，做到"有问必答不回避，有求必应不推诿"，完全融入村民生活中，让村民把你当作自己人，愿意和你掏心窝子。二是要激发贫困户脱贫致富内生动力，教育引导贫困户全程参与扶贫项目，做到收益与劳动挂钩，提成与效益挂钩，在工作中学习，在学习中掌握，真正实现"造血式"扶贫。三是充分发挥派出单位资源优势，让派出单位成为你开展工作的坚强后盾，最大限度为你提供人力、物力、财力支持，助推打赢脱贫攻坚战。

心中有追求　脚下有力量

—— 五指山市毛道乡毛道村驻村第一书记李朝

人物名片

　　李朝，研究生学历，2016 年 10 月，被省纪委选派到毛道乡毛道村担任驻村第一书记，驻村的一年多时间，他用行动证明了自己，提到他，村民都是竖起大拇指。该村 2016 年获得"脱贫攻坚先进村"荣誉称号，2017 年获得"先进脱贫村""先进驻村工作"荣誉称号。

村庄情况

毛道村距乡政府所在地 3 千米，下辖 8 个村民小组。共有 518 户 1 772 人，村党支部共有党员 79 名，其中，女党员 23 名，男党员 56 名。近年来，毛道村以"发展村级集体经济，提高群众生活质量，丰富群众文化生活，构建文明和谐村庄"为奋斗目标，认真开展各项工作，切实为群众办好事、办实事，促进农民增收致富，大力改善村庄环境，实施富民强村战略，充分发挥村党组织的领导核心作用和党员的先锋模范作用，推动全村经济和社会事业健康快速发展。

具体做法

抓"两委"班子，整治软弱涣散状况

中央《关于做好选派机关优秀干部到村任第一书记工作的通知》明确要求，第一书记主要职责任务是建强基层组织，重点是对村"两委"班子不健全的协助配齐，着力解决班子不团结、软弱无力、工作不在状态等问题。所以，加强基层组织班子建设是摆在所有第一书记面前的迫切问题。俗话说：基础不牢，地动山摇。没有一个能打善战的村"两委"班子，纵使给村里一座金山银山，也只是昙花一现，不能长远。只有班子强了，才能留下一支永远不走的工作队。

在驻村的第一天，李朝就开始进行走访。要想做好工作，首先就必须了解村情，了解群众诉求。通过调查走访，他发现该村不仅贫穷，村"两委"班子更是软弱涣散。因此李朝把抓好村"两委"班子建设作为工作的出发点和突破口，通过与村"两委"干部召开座谈，了解大家在工作上的难处、班子工作涣散的主要原因。他组织毛道村"两委"班子深入学习习近平新时代中国特色社会主义思想和党的十九大精神，学党章讲党课，不断提高全村党员同志的党性修养、思想觉悟，为村干部讲纪律、立规矩，在日常监督方面抓得紧、抓得严，逢会必讲廉政问题，让大家增强纪律意识，坚决杜绝扶贫工作中的腐败问题，不断转变作风。

他还组织村干部观摩学习，千方百计地增强他们的工作能力和自信心。这些举措使"两委"班子的风气焕然一新，也为后续工作顺利开展奠定了良好的基础。

一年多来，毛道村"两委"班子的面貌有了较大改善，村"两委"的工作规范化程度大大提高，脱贫攻坚、整村推进、美丽乡村建设、小额信贷、征地拆迁等多项工作都得到了有效推进，村"两委"班子真正成为带领全村发展的坚强战斗堡垒。

发展产业，培育"造血"功能

帮助贫困户脱贫就要发展乡村产业，培育乡村"造血"功能刻不容缓。李朝带领村干部充分调研、多方协调，为村里争取到了资金总量 55 万元的冬季瓜菜种植扶持项目、资金总量 200 万元的黑山羊养殖项目、资金总量 185 万元的五脚猪养殖项目等等。"这是村民们栽种的百香果，今年的第一批果子已经成熟了，这一上市，能给大家增加不少收入呢。"李朝一边走，一边介绍田地里的种植情况，哪块地是谁家的、种着什么、种植情况如何，他都如数家珍。

地里的果子、路边的新宅、河边新建的篮球场……作为省纪委定点帮扶贫困村，毛道村近年来发生了令人欣喜的变化。自被派驻到毛道村以来，李朝和同事们一起接过扶贫"接力棒"，扎根基层，为毛道村的产业发展、乡村建设和脱贫工作奔走。"组织把我派到这里，我就要扛起这份责任担当。想要了解老百姓真正的需要，带着他们一起脱贫致富，就要让自己脚上沾满泥土。"李朝说。

做村民的领头人

毛道村共有 518 户，在省纪委和一同帮扶该村的五指山市纪委以及全村党员干部群众的共同努力下，原有的 145 户贫困户已减贫退出 139 户，圆满完成了贫困户减贫退出、毛道村整村推进和贫困村出列的计划任务。

从第一天到毛道村，李朝就一心扑在了村里的扶贫工作上，"让每个贫困户脱贫致富"是他最大的心愿，他在工作上的事无巨细让村民们习惯了"有事就找李书记"。"刚来毛道的时候，手机通讯录上的联系人有 400 人，现在手机上存储的联系人已经有 840 多人了，多出来的 400 多人基本上都是村民。"李朝说，村民们来过电话后，他都立即将电话号码保存下来，还要备注清楚村民急需解决的问题。

毛道村属于山区，交通不便利，基础设施比较落后，他不顾山高路远，跋山涉水，继续开展基础设施需求调研，按照相关要求为村里申报、储备了一批重要项目。抓好市里、乡里安排的基础设施建设项目落实，空办村宅间路和立面美化工程、部分村庄排水灌溉和挡土墙项目已经建成，大大方便了群众的生产生活。他积极为村里联系、争取社会帮扶的项目、资金，从广发证券公司、太平洋建设集团争取到光伏发电和部分道路建设等设施项目，涉及资金400多万元，同时利用村里自有资金开展一批小型项目建设，减轻政府的财政压力。"作为村民们在脱贫路上的领头人，我有信心和村干部一起，把党和国家的各项方针政策落实好，带领全村百姓埋头苦干，让毛道村一步步富起来、美起来。"说起脱贫攻坚，李朝充满了信心。

引导乡风文明，提升村民素质

时下走在毛道村各村小组，毛道村新修订的村规民约形式各样，俨然成为美丽乡村更亮丽的一道风景线。2017年以来，毛道村重新修订村规民约，并将社会主义核心价值观融入其中，进一步引导乡村文明建设和村民素质提升。村内道路整洁、绿树成荫，房前屋后收拾得井井有条清清爽爽，景致一点不比城里小区逊色。在空共下村的健身广场，六七位村民正围着村规民约宣传栏聊天，谈论今年新修订的村规民约。说起村庄环境、村风民风建设，村民们第一反应都是村规民约的作用。村民们纷纷反映，自从有了新修订的村规民约，村里乱堆乱放、打架斗殴的现象明显少了，扶老携幼、夫妻和睦的多了，村庄也更加整洁优美了。空共下村村民说："维护村庄环境是大家伙儿的事情，需要大家伙儿来治理，每个村民起码要自觉遵规守矩，积极爱护环境卫生，搞好家庭生活文明，这日子才越过越有奔头。"为了加强社会主义核心价值观和文明风尚宣传教育，加强村规民约落实，李朝和村"两委"召开村民代表会议，经过多方谈论，建立村民行为红黑榜，对违反村规民约的行为予以批评和惩戒。

加强扶志扶智教育

督促贫困群众发愤图强，摒弃"等靠要"思想，增强自主发展内生动力，对家庭条件较好却又眼红贫困户帮扶措施的群众进行批评教育，引导他们正确认识党和国家的扶贫政策，树立自力更生发展理念。继续推进移风易俗，教育引导群众减少饮酒、杜绝酗酒，加强对室内室外的卫生整理，养成文明的生活习惯。加强村庄环境卫生整治，督促群众改进生产生活习惯，有效改善了村庄的整体面貌，毛道村美丽乡村建设已初现雏形。

主要成效

一是强化了村"两委"能力和素质建设。针对村"两委"换届以后，新的"两委"班子成员都比较年轻，工作经验还不够丰富的情况，着重抓"两委"班子能力和作风建设。在工作中注意树立"两委"班子威信，有事大家商量，经常让"两委"成员出面对工作进行布置安排，增强他们的自信和思考、安排工作的能力。同时，对"两委"成员分工做了进一步明确，建立工作责任制，督促他们抓好落实，在工作中分工合作、加强团结，遇到困难共同商量解决，杜绝拖拉问题。换届两年多来，"两委"班子的面貌有了较大改善，工作责任心和工作能力有了较大提升，较好地完成了上级部署的脱贫攻坚、整村推进、美丽乡村建设、小额信贷、有关项目建设、征地拆迁等工作。

二是加强对党员的思想政治教育和纪律管理。结合学习党的一系列重要会议、文件精神，通过注重加强对农村党员的理论、政策、纪律教育，促使他们切实增强党员意识、党性意识和政治意识、大局意识、核心意识、看齐意识，时刻注意保持自己的先进性和纯洁性，在发展生产、脱贫致富等方面时刻走在前列。注重加强党员的纪律教育，及时引导他们学习党的相关纪律条规、党员违纪警示案例等，对个别党员纪律散漫情况及出现的苗头性、倾向性问题及时进行批评教育或上报乡党委进行处理。

三是强化扶志、扶智，提升群众自我发展意识和能力。通过入户走访、会议宣讲、电视夜校等途径，积极向群众特别是贫困户宣传勤劳致富、脱贫光荣、摒弃"等靠要"不良思想等内容，还多次组织干部和群众代表到市内外进行参观学习，组织群众积极参加种植养殖等技能培训，促进他们向高标准看齐，进一步增强自我发展意愿和能力。

四是加强村内事务管理，提升村庄文明水平。通过制定村规民约，对不文明

行为进行约束，促进群众提升自管自治能力。坚持推进移风易俗，倡导群众专心发展生产，减少过量饮酒等不良习惯，节约办婚丧红白事宜，多积蓄、多考虑长远，加强对子女的教育，加强村庄卫生治理，增设垃圾收集设施，教育群众不要随手丢垃圾、随意吐槟榔渣水。建设集中猪圈，引导群众将禽畜圈养，减少禽畜粪便污染，并通过党员活动帮助群众把随意堆放的木头、砂石等码放整齐，较大地改善了村庄面貌。加强对群众的法制教育，提升群众对法律知识的知晓水平和遵纪守法意识。省、市工信部门还把毛道村作为全省第一个光纤入户的贫困村，有关企业将在村里免费为大家提供5年的网络服务，这将进一步促进村里的信息化水平和电商发展，同时带动大家通过网络学习先进文化，提升个人修养和生活的文明程度。

五是多措并举促脱贫。进一步加强对扶贫政策的学习，参加各级培训和省外学习，加深对扶贫工作重要性和相关要求的理解掌握。继续开展进村入户调研、帮扶，向群众宣讲帮扶政策和惠民措施，了解群众发展状况和所需所想，解答群众疑惑，帮助群众解决落实惠民政策、发展产业等方面的实际问题。把产业发展作为促进群众脱贫的根本途径切实抓好，继续推广桥沙地瓜、百香果等种植业和五脚猪、黑山羊等养殖业，提升相关合作社的规范管理水平，促进村集体经济发展。认真抓好扶贫相关问题的整改工作，用一个月的时间对全村进行全面排查和部分复查，按照"一人不漏一人不错"的要求，做好漏评、错评、回退和纳保等工作，全村拟新增贫困户6户、回退1户、清退5户、纳保5户，确保应纳尽纳，使困难群众享受党和政府的帮扶。落实好脱贫攻坚体制机制调整工作，组建毛道村战斗中队和小队，明确各自职责，加强工作任务管理和分配，强化各项工作落实。抓好已脱贫户危房改造"五个直观"问题的整改落实，逐户查看评估，及时上报乡政府进行整改完善。加强电视夜校收看的督促和组织管理，群众收看夜校的参学率稳定在高水平，扶志扶智作用得到发挥。落实好自己的具体帮扶责任，时常到其家中走访，对他们开展思想教育，帮助他们落实帮扶措施、解决实际困难，认真规范填写手册。进一步加强全村扶贫工作资料、档案整理和管理，提升台账管理规范化水平。

思考与启示

充分发挥驻村第一书记作用，做好与村"两委"班子深度融合，多出主意、多想办法、积极当参谋，推动所驻村全面加强党建、发展特色产业、壮大集体经济，为打赢脱贫攻坚战夯实基础。

抓队伍增强凝聚力

选派干部驻村任职第一书记，是进一步改进工作作风、密切联系群众、培养锻炼干部的有效途径，是发挥领导干部带头作用、加强农村基层党组织建设、加快农村经济社会发展的重要举措。

谋发展激发创造力

通过党员干部培训、带领群众到先进地区实地考察，积极探讨学习致富之道，谋发展之策，常为群众着想，能提高"两委"干部党员的政治素质和致富带富能力，不断激发基层党组织的创造力。

起表率提升战斗力

"第一书记"是省委选派的优秀党员干部，在他们身上，有好的领导作风、好的生活作风、好的学风及清廉之风，把这些优良作风带到基层党组织，展现在群众面前，能起到巨大的示范带头作用，不断提高基层党组织的战斗力。

着力打造一支"不走的扶贫工作队"

——五指山市毛阳镇毛栈村驻村第一书记杜经师

人物名片

　　杜经师，中共党员，汉族，1981年生，省编办电子政务中心主任科员，现被派驻毛阳镇毛栈村任第一书记。

　　自2016年9月被派驻到毛栈村担任第一书记以来，着力抓好基层党建促脱贫攻坚工作，紧紧围绕打造一支"不走的扶贫工作队"为目标，强党建、壮大集体经济、建立长效机制，为毛栈村各项事业发展奠定了坚实的基础。被评为2017年度五指山市脱贫攻坚优秀驻村第一书记，2017年2月和9月两次被市委组织部予以通报表扬。

村庄情况

毛栈村委会位于毛阳镇北部，距镇区 1.5 千米，距五指山市区 25.9 千米。全村共有 8 个村民小组，现有总户数 458 户，总人口 1 697 人，是毛阳镇人口最多的村民委员会。全村共有耕地 1 772 亩，其中，水田面积 811 亩，旱田面积 961 亩；农田面积 1 200 亩。村党支部现有党员 68 名，其中女党员 11 名，男党员 57 名；60 岁以上党员 17 名，中专及以上学历 20 名，大专及以上学历 8 名。2016 年初全村建档立卡贫困户 65 户 238 人，占总人口的 14.14%，属于 2016 年整村推进贫困村。为确保按时完成整村脱贫摘帽，村党支部在帮扶单位、驻村第一书记等的支持帮助下，以抓党建为引领，通过建强支部战斗堡垒、发挥党员先锋模范作用，带领村民脱贫致富。2016 年底，毛栈村按时完成脱贫摘帽任务，2017 年脱贫成效持续巩固提升，很好地完成了脱贫攻坚工作任务。

主要做法

建强村级"桥头堡"，为"不走的扶贫工作队"注入动力

积极打造"双带型"村"两委"班子，建立村"两委"每周一工作例会制度，制定 A、B 岗工作安排，明确村务"不过夜"工作要求，通过制度保障"两委"发挥致富带富作用，确保村务和个人发展两不误。目前，毛栈村"两委"成员中有 3 位致富带头人，王胜书记和王亚龙委员带领村民种植冬季瓜菜，每年增收近 200 万元；王龙武文书开办特色种养合作社，组织 38 户贫困户抱团养殖

五脚猪，实现分红 5.2 万元，极大增强了班子的凝聚力和号召力。积极推进"勇当先锋、做好表率"活动，组织党员、联防队员、村组干部等 36 人成立毛栈村应急抢险预备队，建立毛栈村应急抢险长效机制，保障村民生命财产安全；积极组织"主题党日＋脱贫攻坚"活动，将脱贫攻坚作为主题党日的重要内容，每月固定开展专题学习讨论和主题实践活动，成立党员突击小分队，义务帮扶贫困户危房改造、水稻抢收、无劳动能力贫困户采摘忧遁草等工作。党员在脱贫攻坚、村集体经济建设、防灾抗灾、水利疏通等"危、难、险、重"任务中发挥先锋模范作用，毛栈村基层党建取得新成效。

探索致富"新路子"，为"不走的扶贫工作队"夯实基础

组织党员、村"两委"、村民代表深入开展"学习《塘约道路》，探索致富路子"专题活动，探索确立以"村党支部＋村集体经济＋村民"模式发展村集体经济。先后成立五指山毛栈高山生态菜篮子有限公司和五指山共建食用菌有限公司 2 个村集体企业，充分发挥和利用瓜菜种植传统优势，以及土地、气候、区位、闲置库房等资源优势，引导农户抱团发展常年瓜菜种植及林下（庭院）食用菌种植产业。在省编办、省市农业部门、镇委镇政府的支持下，共筹集资金 153 万元扶持发展常年瓜菜、秀珍菇种植、田头冷库等村集体产业；协调市农业局安排资金 195 万元实施常年瓜菜基地水肥一体化项目，作为毛栈村 400 亩常年瓜菜基地建设一期工程，全力做大做强毛栈瓜菜种植产业，有力促进村民农业生产结构转变，壮大村集体经济，带动农民增产增收；同时 2016 年底以来，市委组织部、市水务局、市环保局等部门共投入 1 746 万元基础设施项目资金，其中污水处理项目 1 088 万元、什苗田洋饮水灌溉工程 300 万元、常年瓜菜水肥一体项目 195 万元、生猪养殖项目 50 万元、基层活动场所项目 113 万元，进一步改善村民的生产生活，提升村民的获得感和幸福感。

健全保障"好机制"，为"不走的扶贫工作队"建立长效机制

督促"两委"班子全面落实"四议两公开"等制度，引导村民代表积极参与村务决策和监督，发挥村务监督委员会的监督机制，帮助村"两委"干部能干事、不出事。针对部分党员纪律涣散、村组干部和村民代表参与村务积极性不强、村民对公益事业存有懈怠情绪、子女教育重视不足、酗酒成风、弄虚作假争

当贫困户等不良风气，召开村民代表会议商议制定了《毛栈村规民约》，制定"红十一条"和"黑名单"管理机制，引导树立良好村风民俗，建立村级自我管理和约束的长效机制。村规民约执行以来，干部和村民的内生动力明显增强，争当贫困户等不良风气有效改变，在问题整改大排查工作中，未发生恶意隐瞒收入争当贫困户和弄虚作假的情况。家长和学龄学生送学返学意愿明显增强，2018 年秋季入学期间未发生辍学情况，15 名初三毕业生全部进入中职或高中阶段继续就读，控辍保学在村规民约护航下取得积极成效。制定严格合理规范的村集体企业《章程》，确保集体企业规范运营，约定由村民代表任董事，代表全体村民主持公司运营管理，重大事项均按《章程》集体审议，村"两委"为公司管理层，负责公司日常管理，村党支部书记、村委会主任王胜任董事长和法人，村务监督委员会成员为监事，所有公司运营管理人员均与村委会职务任期同期，规定企业利润开支扶贫比例等效益分配机制，为村集体企业长远发展和村民稳定脱贫建立机制保障。

统筹谋划促脱贫，用心用情真扶贫

杜经师同时兼任驻村工作队队长、毛栈村脱贫攻坚中队副中队长，从 2016 年 10 月至 2018 年 7 月，结对帮扶王明元等 9 户贫困户。他统筹全村脱贫攻坚工作，认真落实各项工作职责，谋划产业扶贫新路子，推进精准扶贫，组织村"两委"严格把关精准识别，建立一户一策，做好精准施策，特别是在国务院考核整改和"大比武"等工作中，组织帮扶单位和责任人，制定落实 65 项问题整改，梳理 61 项"大比武"准备工作，部署 68 项帮扶责任人工作任务，较好地完成了问题整改和"大比武"各项工作；用心用情落实帮扶责任，勤走访、深了解、用心扶是杜经师开展结对帮扶以来的自我要求，在了解到贫困户家庭成员王芳荣因资金困难和思想负担等原因，不接受股骨头置换手术的情况时，他经常上门做思想工作，协调省中医院，以个人名义提供担保，解决资金不足的困难，并协调科室主任为王芳荣完成手术，使王芳荣获得了新生；注重"志智双扶"，组织贫困户按时收看脱贫攻坚电视夜校，开展交流讨论，深入村组开展思想教育宣传 9 场次，激发贫困群众脱贫致富的内生动力，引导贫困群众摒弃"等靠要"思想，树立勤劳致富思想和感恩意识。在杜经师的努力下，毛栈村涌现出一批勤劳致富的贫困农户代表：什苗村王进海身残志坚，在市总工会的帮扶下抱团种植 28 亩百香果，走上脱贫致富的"快车道"；王理东和王理锋兄弟利用瓜菜种植补贴政策，租地 6—8 亩，大力发展瓜菜种植，每户实现单项纯收入达 2 万多元，成为勤劳致富的代表。

主要成效

近年来，毛栈村较好地完成了脱贫攻坚各项任务，2016 年底按时完成整村脱贫出列任务。截至 2017 年 12 月，全村累计完成贫困户退出 54 户 190 人，剔除 10 户 37 人，因政策规定，剩余 1 户 3 人计划 2018 年安排脱贫。2017 年全村贫困户人均年纯收入达 8 000 元以上，稳固实现不愁吃、不愁穿。全村未发生义务教育适龄学生辍学情况，村民基本医疗得到有效保障，贫困户住房安全保障率 100%，农户脱贫致富的信心和决心进一步增强。2018 年贫困发生率为 1.4%，稳定在 2%以下。

思考与启示

驻村第一书记要牢记"双争四帮"工作职责

杜经师始终牢记第一书记职责，围绕打造一支"不走的扶贫工作队"为目标，帮党建、帮发展、帮民生、帮稳定，做到总揽不包揽，依靠不依赖，补台不拆台，为毛栈村各项事业发展奠定了坚实的基础。

驻村第一书记要做到真正用心用情开展帮扶

要真正扑下身子，踏实苦干，把群众冷暖放在心上，带领村"两委"组织开展为民服务全程代理，经常进村入户帮助解决群众困难，只有这样才能赢得广大群众的信任，才能更好地开展工作，为驻点村真正做出贡献。

驻村第一书记要充分发挥自身资源优势

作为省直机关干部，杜经师充分利用信息优势、人脉优势和帮扶单位支持资金，为毛栈村发展秀珍菇种植、田头冷库等村集体产业和 400 亩常年瓜菜基地建设，在推进村集体经济发展、带动农民增产增收上发挥了很大作用，为进一步推动毛栈村脱贫攻坚工作奠定了良好基础。

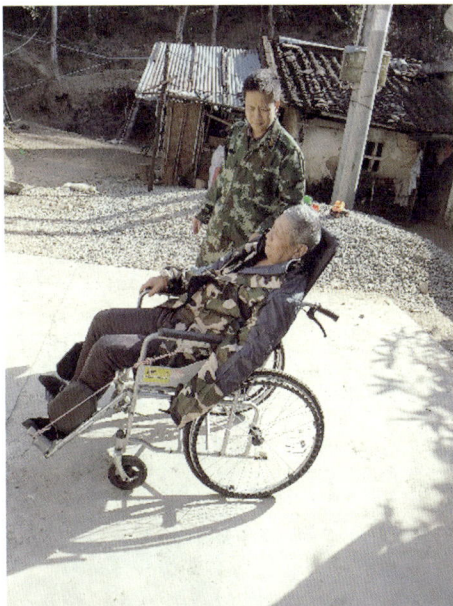

"问诊把脉" 找准脱贫致富新路子

——五指山市南圣镇同甲村驻村第一书记吉训会

人 物 名 片

　　吉训会，中共党员，汉族，中医院医生，海南乐东人，自 2016 年 10 月被卫计委派驻同甲村担任第一书记以来，在建强基层村级党组织、夯实产业发展基础、改善基础条件、增进党群干群关系上，取得了较好成效。

村庄情况

同甲村委会距离镇区 9 千米，是黎族集聚村庄，全村共有 7 个自然村 8 个村民小组，总耕地面积 1 777.83 亩，林地面积 6 233.71 亩。常住农户 300 户 1 003 人，其中贫困户 60 户 191 人，贫困发生率 18%。经济来源仅靠传统槟榔、橡胶、益智为主要收入，市场抵抗能力较差。村集体经济仅靠出租村集体鱼塘每年 750 元收入为主，属于集体经济空壳村庄。村里酒文化浓厚，部分村民嗜酒陋习比较严重，因嗜酒导致肝炎、肝硬化、肝癌等疾病发病率高。大部分村小组生产路没有硬化，农产品运输困难，农业生产成本大，效益低，村民生产、生活困难。村"两委"班子刚换届，没有工作经验，对党建工作没有实质性内容，认为党建就是办公室挂几块图版、写写会议记录的事，致使党支部村委会的凝聚力、向心力、号召力都受到了严重的影响。这一系列问题从吉训会被派驻同甲担任第一书记那天起，他就无时无刻不在思考着如何改变。

主要做法

"问诊把脉"，找准脱贫致富新路子

吉训会同志驻村后，凝聚村"两委"干部，走村串户。深入田间地头与干部群众座谈交流成了他工作生活的常态。为全面摸底排查全村的产业发展现状、基础设施、集体经济建设、贫困户的致贫原因等情况，制定清晰的发展道路，他常常迎着露水出门，踏着星光回到宿舍，陪伴他出行的摩托车修了又修，可是想要为村民干实事的决心却越来越坚定。经过不断分析同甲村的优势和劣势，多次与村"两委"班子研究讨论，最终确定以发展合作社为主导带动贫困户抱团发展，普通村民分散种养特色产业相结合的致富新路子。一是将市场效益高、易种植的树仔菜定为特色主打产业，利用政府补贴惠民政策，大力推广种植。二是带领"两委"班子以"村党支部＋贫困户＋合作社"的发展模式成立村集体经济合作

社，发展龙须菜、肉鸡产业。目前，同甲村树仔菜种植面积已达 320 余亩，搭棚面积 102 亩，其中，种植树仔菜贫困户 14 户，搭棚 7 户。2017 年全村种植树仔菜收入超过 48 万元，有效带动村民增收。以"村党支部＋贫困户＋村集体"合作社模式产生效益，目前，已成功出售五指山野山鸡 3 600 只，收入 11 万元；龙须菜 1 500 斤，收入 3 000 元。有效解决了村集体经济薄弱的问题，并实现贫困户产业全覆盖。

筑牢堡垒，建强基层村级党组织

"火车跑得快，全靠车头带。"改变贫困面貌，必须要有战斗力强的村级班子和过硬的党员队伍，抓好村"两委"班子和党员的建设是村委会开展各项工作的关键。吉训会驻村后，为了提高"两委"班子工作效率，解决村级党员无时间观念、纪律散漫等一系列问题，先后建立每周工作例会制度、党员干部纪律通报制度，对村"两委"班子、全体党员全面实施目标管理。目前，组织党员学习 20 余次，召开支部会议 40 余次，开展支部活动 10 余次，发放"两学一做"笔记本 64 本，印发"三会一课"教学课件 8 本，举办职业技能培训 3 期。同时，利用七一建党节带领全体党员到毛阳革命基地参观，重温入党誓词。累计通报批评无故不参加"三会一课"、党会的党员 13 人次。他还组织村"两委"班子以党小组为单位，对组织党员不力的党小组组长，进行座谈。有效增强了村级党组织的凝聚力和号召力。

协调资金，加速推进基础设施建设

一是合理安排惠民经费，维修同甲一、二村小组及什报茂村小组、什眉村小组饮水管 1 500 米，修复生产路 2 000 米。二是带领班子积极向上级部门争取，落实新建的农村基础设施项目有同甲一、二、三村小组 3 000 米硬化生产路，番道村小组 1 300 米生产路及 1 座长

30 米宽 3 米的水面桥，什眉村小组 1 170 米的环村路入户路，同甲一、二、三村及番道村小组滴管设施。2016 年台风"电母"灾后争取 13 万元重建资金，维修水利沟 2 500 米，修复生产路 500 米，并为 3 户村民硬化屋后挡土墙 40 米。目前，在建同甲一、二、三村生产路 1 200 米及水利沟 2 000 米，在建什龙入户路600 米。全面解决村民生活、生产困难问题。

服务群众，为人民办实事办好事

他多次向定点帮扶单位汇报协调，争取资金。为村委会购置新办公电脑1台，帮助同甲三村小组购买 6 分饮水管 20 根，为贫困户筹备水泥 30 吨、肥料 58包、食用花生油 20 瓶，为村里孤儿、残疾儿童赠送书包 8 个、书本 8 册，资金累计 2 万余元。同时，协调五指山市中医院、疾控中心、保健所等医疗机构，到村开展健康义诊活动 4 次，免费给村民做血压、血糖、心电图等常规检查，受益群众达 125 人。切实为人民群众办事，为人民群众服务。

"村民的事，就是我的事。"这是吉训会最常说的一句话。"从走进同甲村的那一刻起，我就想着尽自己的力量帮助村民，实实在在地办事。"这是吉训会常和村民说的话。驻点以来，他时常到农户家中与村民唠家常问长短，村民逐渐对他熟了、信任了，啥大事小事都找他。驻村后，当他得知村里有一个小孩辍学时，他积极联系农校的老师了解学校的专业、生活条件及相关费用后，多次入户找到该小孩父亲协调，并于 2017 年成功将小孩送去学校就读。2016 年 12 月，贫困户陈石荣、王月香由于缺乏种植管理技术，导致种植的槟榔、香蕉出现大片枯萎，心急如焚。吉训会得知后，主动联系贫困户深入田间地头进行查看，随后联系南圣镇挂职科技副镇长黄士绮、科技技术员黄子坚到现场考察，找出病因，给予农户补救技术指导，解决贫困户生产困难。2017 年 6 月，同甲三村小组农户王书信老人因双腿残疾不能行走，想办理残疾证，他第一时间深入其家中察看情况，并联系市中医院带领老人办理残疾鉴定，到市残联办理残疾证，到镇政府办理残疾补贴。之后，他又陆续帮助黄国伟、王积轩、王大轩 3 名残疾人办理残疾证。他还利用自身是中医院医生的优势，多次与市中医院协商帮助陈石荣、黄惠卿、黄国军、黄国响、黄亚华等多名贫困户到医院免费就医，解决贫困户看病难问题，得到村民认可。

主要成效

脱贫攻坚成效明显

同甲村委会共 60 户贫困 191 人，贫困发生率 20%。2016 年脱贫 19 户 63 人，2017 年稳定脱贫 20 户 60 人。目前，同甲村建档立卡贫困户仅剩 21 户，贫困发生率降至 7%，贫困户危房改造完成 26 间，脱贫攻坚取得明显成效。

村党支部的凝聚力和战斗力明显提高

通过扎实推进制定周例会工作制度、党员通报制度和积极开展各项主题党日活动，村党支部的号召力明显提高，党支部的工作能力明显增强，党员自身素质明显改善。得到南圣镇党委的认可，2017 年 2 次组织 6 个村委会支部书记、第一书记参观学习。

基础建设迅速完善

两年以来，吉训会同志凝聚村"两委"班子，带领党支部全体党员干部积极向上争取，为村民修建生产路、水面桥、水利沟、饮水管、滴灌等多项惠民工作，得到村民的认可。

村集体经济薄弱现状明显改善

2017 年同甲村委会响应镇政府号召，着手解决村委会无集体产业缺口，采取"村党支部 + 村集体 + 贫困户"的形式，成立南圣同甲兴农农民专业合作社。发展五指山野山鸡和龙须菜产业，带动 54 户贫困户和特困户稳定增收，让村民尝到甜头，开阔了眼界，提高了现代市场化生产意识，增强了脱贫增收致富的信心。

思考与启示

用真心换真情，通往群众心里的路越走越顺

作为驻村不到两年的"新人"，吉训会多次利用业余时间拜访村民，积极解

决乡亲邻里难题。老人腿脚不便，他跑上跑下帮助老人落实残疾人补贴；贫困户缺乏种养技术，他积极联系相关部门救助；贫困群众身体不适，他联系中医院免费治疗……一桩桩一件件，日积月累，村民对他的依赖与日俱增，提起他大家都竖起大拇指。两年时间不算长，但他熟悉每一位贫困户，熟悉村中的每一条路。通往群众心里的"路"，也在一桩桩小事的铺就下越走越顺，农村工作也越来越得心应手。

解决农产品滞销价贱，不能光靠等

每逢肉鸡出栏时，销路就成了合作社的心病，鸡食越吃越多，花销越来越大，合作的收购商却没了踪影，社员们心急如焚。吉训会看在眼里急在心里。"贫困户在合作社辛苦养殖，不能寒了他们的心，收购商不来，我们就走出去。"为此，他主动联系市卫计委、市中医院、市疾控中心、市保健所等挂钩帮扶单位；利用周末跑市场联系五指山市多家酒店、大排档、收购商，最终肉鸡销路得到强有力的保障。

·乐东县·

智志双扶　发展"种植养殖+旅游"产业
——乐东县大安镇只朝村驻村第一书记杨涛

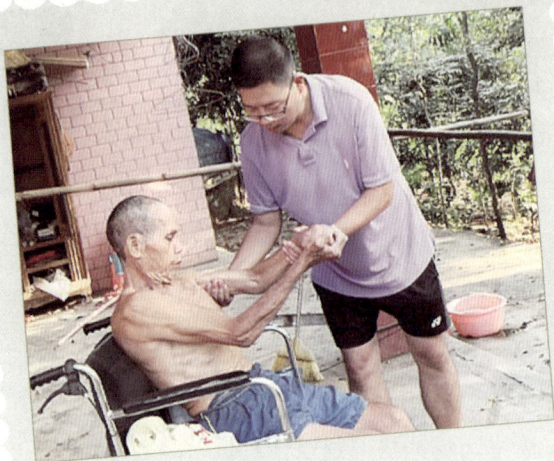

人物名片

　　杨涛，中共党员，硕士研究生学历，2017年11月被派往大安镇只朝村任第一书记开展扶贫工作。

　　驻村期间，他组织精神文化扶贫活动有声有色，带领村民及贫困户发展毛豆种植产业、开展冬季瓜菜示范种植、开展"共享食堂"建设、盘活文昌鸡养殖产业发展。仅毛豆种植一项，2018年集体经济3个月净收益6万元。

村庄情况

只朝村是乐东县大安镇"十三五"期间整村推进贫困村，位于大安镇东南部，离镇政府驻地约 8 千米，下辖 9 个村民小组 391 户 1 608 人，占地 5 580 亩，人均耕地面积 0.9 亩。村民主要收入来源为橡胶、槟榔、水稻、毛豆种植以及省内务工等，全村建档立卡贫困户 130 户 538 人，2016 年脱贫 77 户 338 人，2017 年脱贫 35 户 147 人，未脱贫 18 户 53 人，当前贫困发生率为 3.3%。

2015 年 7 月财政厅开始帮扶只朝村，当时建档立卡贫困户 105 户 412 人（不含巩固提升户 15 户 67 人），经过财政厅大力帮扶和第一任驻村第一书记的积极努力，只朝村 2016 年实现整村脱贫，贫困户的年人均纯收入从 2013 年的不足 2 000 元增长到 2016 年的 5 900 元，全村年人均纯收入从 2013 年的 2 700 元增长到 2016 年的 5 100 元。

主要做法

以党建为主抓手，着力解决基层党组织软弱涣散问题

一是反复强化党员干部纪律和规矩意识。针对村干部纪律和规矩意识淡薄等现象，制定《只朝村村干部村内事务管理请假制度》，从村"两委"干部开始严格执行，逐步扩大到队干部和全体党员。针对省委第六督导组反馈丘文村十大问题，印发《关于进一步压实责任全力打赢打好只朝村脱贫攻坚战的通知》，进一步压实责任，破解个别党员干部责任心不强、工作不扎实等突出问题。二是率先垂范党员干部的模范带动作用。带头开展党员干部"我为困难群众办实事"结对子，带头与 5 个困难户结对子，每月至少做一件实事，用心用情关心，提高群众满意度。同时，指导成立中老年爱心志愿队，充分发挥老党员干部爱村护村热情，注重其在协调村民矛盾、解决纠纷等方面的积极作用。

以宣讲党的十九大精神和扶贫政策为方向，大力"扶智扶志"

一是多场所反复宣讲扶贫政策。利用一切机会宣讲脱贫致富政策，旗帜鲜明地鼓励村民勤劳致富，反对"争当贫困户""等靠要"等思想，反复激发村民的内生发展动力。二是大力推动精神文化扶贫。充分挖掘只朝村村民能歌善舞的资源优势，成立只朝村黎族民乐传承队，组织村民参加各种民乐传承活动，从精神文化层面激发村民的内生发展动力。三是传递扶贫正能量。建立"只朝村民正能量交流微信群"作为宣传党扶贫政策发展、传递正能量的交流平台，倾听村民困难，发布村发展决策的重要事项。四是推动成立只朝村文化教育促进会。为最大化凝聚民心搞建设，积极推动成立只朝村文化教育促进会，招揽只朝村籍乡贤为村文化教育发展献策献力，通过募捐爱心资金奖助教师、学生以及优秀文化传播者，营造"尊师重教"浓厚氛围。五是集中开展"村容整洁组""村民文明组""勤劳致富家庭"评比活动，整治农户卫生环境"脏乱差"、随地吐槟榔、争当贫困户等不文明现象，逐步营造环境整洁、热爱劳动、积极向上的正能量氛围。

坚持群众利益至上，积极协调资金构建村民反映突出的民生工程

杨涛调研发现村民对建设"断头桥"及"断头路"、安装路灯和户外健身器材、南木水库引水灌溉等情况反映强烈的问题，于是协调财政厅农村综合改革转移支付资金 500 万元，用于只朝村美丽乡村、立面改造等公益项目建设；协调乐东县财政局支持 288 万元，修建村民反映突出的"断头路""断头桥"及安装路灯等；协调省水务厅和乐东县财政局支持资金 160 万元左右，下达乐东资金 97.7 万元用于南木水库水轮泵改造工程，解决只朝村 600 亩田地季节性生产缺水问题；协调乐东县环保局支持资金 98 万元用于生活污水处理工程、化粪池配套建设。

积极谋划"种植养殖＋旅游"产业，逐步打造稳定脱贫致富产业发展平台

一是发展毛豆种植产业。依托海南江福特色农业科技有限公司在只朝村开展毛豆种植，逐步扩大种植规模。下一步，海南江福特色农业科技有限公司拟在只朝村投资 3 000 万元建设农产品冷链物流产业综合体项目，建设毛豆仓储及初加工基地以及反季节瓜菜保鲜、毛豆深加工科研基地，逐步形成种植—加工—销售一体化的种植产业链条。二是开展冬季瓜菜示范种植。在总结 2016 年冬季瓜菜

种植经验基础上，2018 年，引导村委会联合江福农业特色公司、省农科院集中种植 60 亩，农户获得土地租金、务工收入。同时，引导勤劳农户种植 70 亩，免费提供种苗和技术指导，按照茄瓜不低于 1 元 / 斤、黄秋葵不低于 3 元 / 斤的价格收购。三是盘活文昌鸡养殖产业。针对原文昌鸡养殖固定分红模式难以持续、文昌三龙养鸡专业合作社收不抵支企业怨气很大的问题，经反复磋商，拟采取"村集体 + 企业 + 致富带头人 + 农户"合作模式，重组已注册的海南黎族卡爬岭鸡养殖公司，尽快建设现代化文昌鸡育肥基地和有机粪场，打通文昌鸡养殖在乐东区域的养殖销售产业链条。四是开展"共享食堂"建设。协调引入世界五百强太平洋建设集团等爱心企业建设只朝村"共享食堂"服务中心，深入推进只朝村移风易俗，集中承办酒席，逐步破解当地饮酒风浓厚、吃喝浪费的陋俗，同时解决游客和本村民"吃住行游购娱"服务问题，为推进"集体抱团（村委会带头成立企业或合作社团结带领全体村民） + 共享农庄群（共享瓜菜、百香果、蘑菇等种植基地和鸡、鸭、鹅、猪、鸽等养殖基地） + 旅游"发展模式奠定基础。

主要成效

村党支部组织力和战斗力显著增强，群众满意度提高

一是党建的基础工作更加扎实。坚持"三会一课"制度、"两学一做"教育和电视夜校参学率始终保持 100%，稳居大安镇 15 个行政村前列，2018 年春节后

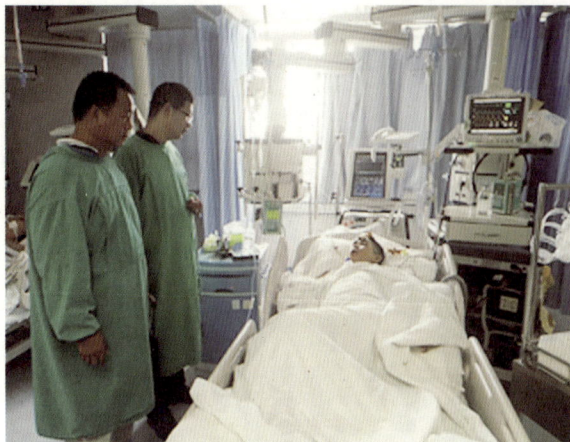

参学率排名第一。二是党员干部纪律和规矩意识明显增强。注重以制度管人，通过大审议通过的请假制度、压实责任等工作措施，第一书记带头，反复督促强化，党员干部的纪律性显著增强，村"两委"会议、党员大会和村民代表大会、集体大扫除活动的出席率和干劲明显增强。三是驻村第一书记率先垂范关心村民。驻村以来，杨涛每月平均驻村 24 天以上，驻村期间每天平均休息不足 6 个小时，以贫困户和边缘问题户为重点，随机走访所有农户平均 2 次以上、建档立卡贫困户 4 次以上，随时随地与驻村帮扶干部、村党员干部和村民以及在村企业代表谈心谈话 2 万人次以上，关心每一个农户的疾苦，尊重村里的风俗人情，群众看在眼里、疼在心里，纷纷点赞。四是基础设施项目、美丽乡村及配套设施扎实推进增强群众获得感。杨涛入村后带领村"两委"干部协调各方，顺利完成了田洋整治项目和自来水饮水工程，解决了群众生活饮水和生产方便问题；新村和保万村美丽乡村快速推进，村庄整洁度增长明显；"断头路"、桥梁、路灯、"户户通"、南木水库引水工程等群众反映突出问题逐一立项并开始实施，群众获得感和满意度非常高。

树新风，民心凝聚力更加夯实

一是打造村民正能量交流平台。2018 年 5 月 19 日，杨涛建立"只朝村民正能量交流微信群"，至今吸纳了 250 多名只朝村籍各界人士入群，已成为只朝村讨论民情、反映困难、献言献策、互帮互助的交流平台，先后促成了村大病、重病服务队和只朝村文化教育促进会的设立，帮助重病村民募捐善款近 3 万元，招揽到诸多只朝村籍爱心人士同心建设只朝村。

二是组织精神文化扶贫活动有声有色。2018 年 4 月，组织黎族民乐传承队成员代表 20 名（6 个贫困户）利用摘毛豆的闲暇时间排练竹竿舞，代表乐东地区参加全省竹竿舞比赛，表演节目《跳起哈竿舞》获得预赛第一名、决赛第二名好成绩，在省、县引起巨大反响。7月，又组织12名村民（4个贫困户）排练竹器乐，代表乐东地区参加全省"庆祝改革开放40周年、海南建省办经济特区30周年暨第15届东西南北中广场文艺会演"，表演节目《田园欢歌》获得三等奖。

三是成功设立文化教育促进会并举办首次奖助仪式。自2018年5月18日开始，杨涛积极筹备设立文化教育促进会，历经2个多月于7月18日正式在乐东县民政局注册成立，8月18日成功举办文化教育促进会成立暨首次奖助仪式，来自只朝村村民、附近黎族同胞兄弟、关心支持只朝村文化教育事业发展的各界人士200多人参加成立大会和第一次奖助仪式活动。此次捐赠对象范围广，首次奖励22个荣誉对象，奖助65名大中小学生。自7月25日发起爱心捐赠倡议书后，短短20多天，有400名个人和企业捐赠爱心款，募集到只朝村文化教育发展资金11.9万元；只朝村村民捐款有350多人，占全村村民比例20%以上，很多家庭都是全员献爱心。最让人感动的是8月14日晚，乙论村7名老人集中到村委会捐赠爱心款，98岁的刘温深老人，是全村最年长的，他10元、20元地捐赠，说是为了自己的孙子，为了只朝村的未来。

壮大集体经济，种植养殖产业持续发展雏形渐显

一是毛豆种植产业开始成势。主动与海南江福特色农业科技有限公司合作毛豆种植产业，2018年集体经济3个月净收益6万元。2017年底，延续企业集中种植毛豆模式，村民获得土地租金收入、务工收入和毛豆采摘收入。2018年全村收益158.73万元，海南江福特色农业科技有限公司种植毛豆690亩，发放土地租金收入约50万元，组织150多户（贫困户44户）2846人次参与毛豆采摘113.85万斤，村民采摘收入68.31万元。

二是文昌鸡养殖模式开始转型。2018 年，文昌三龙合作社在只朝村开始养殖文昌鸡约 3 万只，出栏 1.9 万只，聘请贫困户养殖。杨涛制定《只朝村支持文昌鸡养殖管理制度》，从养殖员工聘用、鸡粪便处理、鸡舍地使用、鸡舍环境卫生清洁、抓鸡、养殖水电使用以及养殖技术人员关怀等多个方面明确责任，稳定文昌三龙养鸡专业合作社在只朝村安心开展养殖，效果很好。同时，杨涛多次汇报协调文昌鸡养殖原有合作模式的局限性，终止原有建设项目，按照利益共享、风险共担模式重新谈判合作，初步意向很好。

三是冬季瓜菜和百香果种植开始试点。杨涛与企业对接，协调省农科院、海南江福特色农业公司在只朝村种植冬季瓜菜，激发贫困户内生动力。2018 年拟种植 130 亩左右辣椒、茄瓜、黄秋葵等反季节瓜菜，其中 60 亩左右集中种植，带动 65 户 285 人；70 亩左右由 18 户勤劳农户自主种植，带动贫困户 18 户 84 人，江福公司按保底价收购，确保增加农户收入。同时，对接澳雅之火公司在只朝村开展 80 亩左右百香果种植，带动 28 户贫困户，贫困户每年可分红 1 000 元。

思考与启示

帮扶工作必须用心用情

要打赢脱贫攻坚战，必须真扶贫、扶真贫，来不得半点虚假。"六个精准"中最重要的是派人要精准，组织选派的驻村扶贫干部首要的是要对农民农村工作有感情，怀着一种为民情怀办事，否则很难真正沉下心、俯下身，一心一意开展扶贫工作。

帮扶工作必须以问题为导向

扶贫工作开展好不好，群众满意是关键，前提是查摆清楚存在的问题，然后有针对性地开展工作，不能蛮干乱干，吃力不讨好。

产业发展必须因地制宜

每个贫困村致贫原因都有各自的特点，产业基础条件会有差异，选择产业要针对本村的资源禀赋发挥比较优势，不能随波逐流。

帮扶工作要实事求是

不管是精准识别和退出、产业发展，还是开展精准帮扶、基础设施建设，都要坚持实事求是，不能脱离当时当地实际情况，要摸清现状、尊重规律，既不拔苗助长，也不因循守旧。

帮扶工作要重扶智扶志

从贫困户致贫原因构成看，几乎每个村贫困户主要致贫原因占比最高的是自身发展动力不足和缺技术，实质是村民文化水平普遍较低，思想封闭、行动懒散。海南扶贫的重心除了完善基础设施外，最重要的就是加大"扶智扶志"力度，创新工作方法措施，激发贫困户内生动力。

立足基层　履职尽责争先锋

——乐东县尖峰镇尖峰村驻村第一书记邢维科

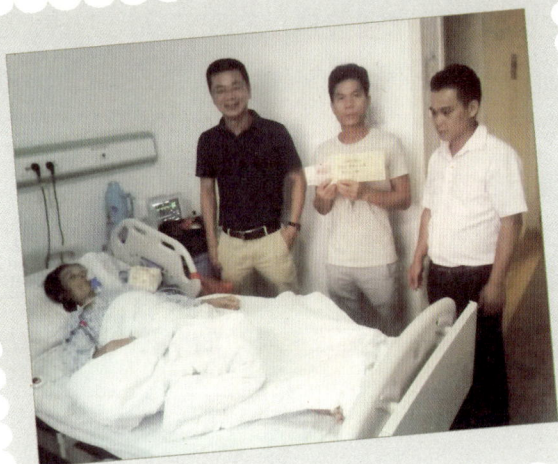

人物名片

　　邢维科，中共党员，汉族，乐东县卫计委主任科员，1976年生，全日制大学本科学历，2018年4月被派驻尖峰村担任该村第一书记。

　　任职以来，他和老百姓同吃、同住、同劳动，晴天一身土，雨天两脚泥，党旗下、田野中，处处都有他的身影。他入农户、下田地，抓党建、促脱贫，用自己的实际行动诠释着第一书记为民爱民、带领群众致富奔小康的党员干部情怀。

村庄情况

尖峰村是镇墟村庄，耕地面积稀少（3 286 亩），有丁司、牛泥头、大凯、沙模 4 个自然村，10 个村民小组 870 户 3 296 人，人均耕地面积不足 1 亩。2018 年全村建档立卡贫困户共有 159 户，贫困人口 557 人，目前还未脱贫建档立卡贫困户 53 户 158 人。该村主要农户都靠种植水稻、冬季瓜菜和打短工收入。2017 年底，人均纯收入 6 305 元。由于生产基础设施和生产技术落后，严重制约了该村的发展。

主要做法

抓党建，聚人心，强斗志

尖峰村党支部共有 10 个党员小组，80 名党员，是尖峰镇党员最多的党支部，该支部党员队伍年龄老化，"三会一课"开展不正常。邢维科任第一书记以来，以"两学一做"学习教育活动为抓手，抓党建，聚人心，强斗志，具体表现在以下四个方面：

一是完善村委会办公设施。在搬到新办公室后，积极争取联系帮扶部门——县卫计委和一些企业给予帮助，增添桌椅，完善村委会办公设施，巩固党组织活动阵地，为凝聚党员、服务群众提供有力保障。二是按计划开展"三会一课"。积极组织开展"两学一做"学习教育活动，利用党员远程教育系统加强教育培训，并按组织要求做好积极分子培养工作，为支部增添新生血液。三是发挥先锋模范作用。以"两学一做"学习教育为契机，以党建工作为抓手，以"四位一体"干部管理制度严格要求自己，认真当好全村"两学一做"带头人，做标杆、树榜样，扎实推进"两学一做"学习教育活动。四是抓好专题活动。借县委"在建设自由贸易试验区和中国特色自由贸易港实践中勇当先锋、做好表率"专题活动的契机，抓党建，严肃党组织生活，努力把村党组织建设成为坚强战斗堡垒。促进全村党员进一步把思想和行动统一到习近平总书记"4·13"重要讲话、中央12号文件和中办发29号文件以及省委四届、七届四次全会精神上来。教育引导广大党员进一步解放思想，勇于担当，为推进脱贫攻坚、建设"美丽乡村"做贡献。

帮发展，真扶贫，暖民心

邢维科坚持吃住在村，每月在村28天以上，通过与村民促膝交谈，去田间地头了解农业生产，认真查找贫困原因，按"五个一批"要求，强化"三保障"，因户施策，实施精准扶贫。他严格按照县、镇脱贫攻坚工作总部署，扎实推进脱贫攻坚工作，将脱贫攻坚工作作为全村当前首要任务，积极落实扶贫措施和扶贫政策，确保扶贫工作取得实效，具体措施如下：

一是开展结对帮扶。通过构建县帮扶单位、镇驻联村干部、村委干部三位一体帮扶机制，建好一户一档、做好一户一策，凝聚扶贫攻坚合力。

二是强化志智扶贫，完善培训体系。针对"等靠要"思想严重和种植养殖技术低的情况，采取脱贫致富电视夜校和综合培训结合，组织贫困户参加电视夜校和各种技术培训，共组织召开大小会议22场次，现场培训3次，参会2600余人次。通过大力开展"不等不靠、艰苦奋斗""精准扶贫不是养懒人"等思想培训

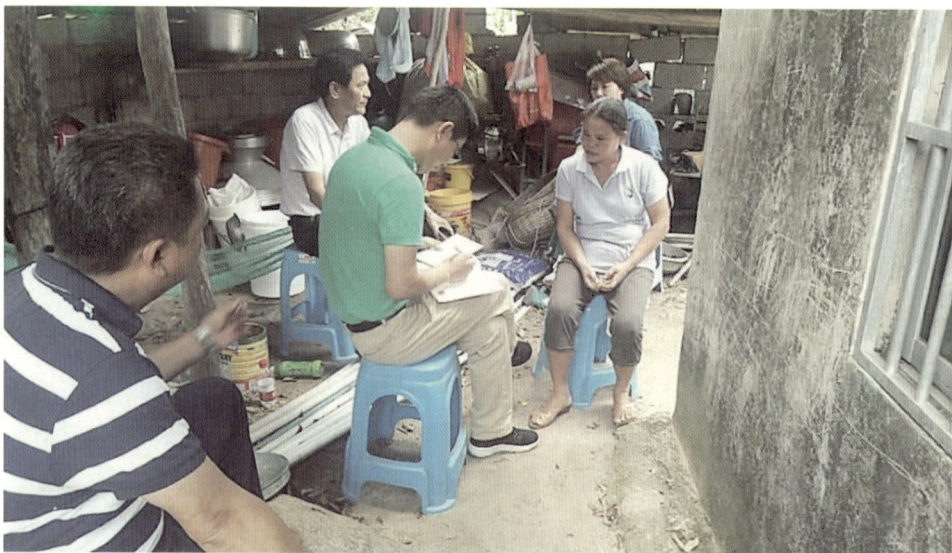

会,不断增强贫困群众脱贫致富信心,达到志智双扶。加强与劳动等部门的密切协作,切实抓好贫困户劳力的务工技能培训和劳力转移工作,努力实现培训一人,转移一人,脱贫一家。

三是以合作社为载体助推群众脱贫致富。坚持"政府引导、群众自愿、社会参与"原则,突出贫困户的主体地位和作用,让贫困户全程参与到扶贫开发中,充分发挥其自身积极性和能动性,加快脱贫致富步伐,让尖峰村呈现出户户要发展、全村要脱贫的良好发展氛围。据统计,2018 年,邢维科动员全村未脱贫的53 户以人为单位,入股合作社,预计年人均分红为 653 元,助推贫困户脱贫。

四是扎实开展"漏评""错退"排查工作。在工作期间,沙模村村民麦世风多次到镇扶贫办上访,说尖峰村干部"漏评""错退"排查工作存在不公平现象,要求当贫困户,让政府给另盖一幢房屋。邢维科带领村干部到其家中了解情况,得知其家中有 3 口人且皆为青年,现有自建住房 50 平方米。于是告知其相关扶贫保障政策,当讲解到就算贫困户符合危房改造要求,新房建好以后,也要拆除旧危房时,麦世风理解并同意不再到镇扶贫办上访。

大凯村 81 岁村民唐宏秀也多次到镇扶贫办上访,要当贫困户。邢维科组织村干部入户调查发现:户籍 5 人,唐宏秀及其配偶、两个女儿、一个外孙,但两个女儿已出嫁,外孙也没有在一起生活,家庭实际人口只有唐宏秀及其配偶 2人,现有 2013 年茅草户改造的 30 平方米房室一间,后来又自建 60 平方米的临街铺面,准备出租。生育 5 个儿子,都已分户,生活条件较好,其中大儿子唐博昌临街建有三层楼房,一楼有四个铺面。经讲解扶贫政策和告知子女有赡养父母的义务之后,也表示不再到镇里上访。

丁司村村民黄亚明在"漏评""错退"入户调查工作中评分没有达到 70 分,按要求要进入村民代表评议阶段,这时村干部黄宗标私下跟邢维科说:"为了使工作顺利开展,为了不让群众说干部优亲厚友,最好不要让他当贫困户。"原来黄亚明是村干部黄宗标的亲弟弟。为了避嫌,邢维科带领全体村干部、镇驻村干部到黄亚明家进行调查:黄亚明,1977 年出生,有 3 个子女,长子在海口市读职业学校,长女和次子分别在乐东中学读高三和初一。原有 30 平方米的茅草房改造房,后被台风吹塌了一间,只剩下 20 平方米,因住得比较拥挤,平时孩子在

家时都到黄亚明母亲家居住。"这是典型的因家致贫家庭呀，且住房不保障，收入也不稳定。"邢维科很是纠结，最后还是坚持黄亚明进入到村民代表评议阶段。2018 年 5 月 31 日，召开村民代表评议大会，结果全票通过。

经过这些事，邢维科深知群众有"等靠要"思想还是很正常的，但工作中只要做到公平、公正、公开，就能取得老百姓的信任，工作也就好开展了。

当了解到建档立卡贫困户林弟的配偶黄秋叶心脏病多年没钱医治，邢维科多次协调、联系县卫计委，6 月 8 日黄秋叶得以到海口市人民医院手术治疗。考虑医疗保障并未全面覆盖，且其家庭困难，为能保障其手术治疗期间的费用，他帮助其在网上筹款 36 550 元，并发动村干部、党员捐款 2 000 元。6 月 14 日，邢维科和一名村干部代表村委会到海口市人民医院慰问并告诉他们扶贫医疗保障政策，让黄秋叶安心养病。7 月 3 日黄秋叶出院后，全家都到村委会去感谢邢维科……这样的例子还有很多。一分耕耘，一分收获，他带领全村干部、党员迈上向贫困发起总攻的突围之路。

五是抓好危房改造工作。按照扶贫政策要求，危房改造户在新房屋建好以后，必须拆除原危房，但部分危房改造贫困户不理解，认为可以保留下来改造成厨房或存放杂物。邢维科带领全体村干部挨家逐户讲解政策，最终全部危房改造户同意拆除原危房，使政策得以落实。2016 年、2017 年尖峰村 22 户危房改造户，全部达到"五直观"要求搬进新家，按照镇委要求按质按量稳步推进 2018 年 20 户贫困户危房改造工作。

帮民生，谋民利，得民赞

在民生保障的基层，他坚持踏实苦干，把群众冷暖放在心上。建立健全农村服务体系，带领村级组织开展为民服务全程代理、民事村办等工作，赢得广大群众信任。

一是开展美丽乡村创建。在改善人居环境的基础上，在邢维科的极力倡导下，在镇委、镇政府直接领导下，更新观念，大胆创新，积极推进牛泥头村民宿项目创建工作。该民宿项目得到了县委、县政府的大力支持和关心。邢维科觉得要借海南自由贸易试验区和中国特色自由贸易港的"勇当先锋、做好表率"专题活动契机，借助尖峰岭国家森林公园的地理资源优势，敢闯敢试、敢为人先，制定科学的规划，注意生态环境保护，注意乡土味道，体现农村特点，保留乡村风貌，坚持传承文化，发展有历史记忆、地域特色的美丽乡村，打造牛泥头自然村的民宿项目。目前牛泥头自然村的民宿项目已完成初步图纸设计，进入测量规划阶段。

二是帮修桥。"邢书记，大凯村有一水沟穿村而过，每当下雨，尖峰岭山水便汇流而下，常发大水，危及村民的财产和生命安全，你是县里来的干部，人脉资源多，看能不能找资金整治这条水沟？"驻大凯村干部林娟说。听了村干部的诉求，邢维科眉头紧锁，他深知村党支部、村干部要赢得百姓信任，需要真正为群众做实事，摆在眼前的这道难题必须攻克！"哪怕自己多跑些路，总得为群众做点事。"邢维科常常这样告诫自己。他一方面充分利用自己所在单位的资源优势，另一方面充分发挥自身主观能动性，运用个人社会关系与村党支部书记陈国清紧密配合，先将情况向镇委、镇政府汇报，取得镇委、镇政府的支持后，一同到县水务局等相关部门找项目、找资金，最近县水务局已派人实地勘查，正在进行图纸初步设计。

三是帮修水利。2018 年 8 月 14 日，队长报告，由于发大水，丁司村给排水沟已冲坏，正值农忙季节，邢维科立即组织村干部、党员进行抢修，两天后恢复供水，村民举手为干部点赞：这才是好干部，这才是真正的为民谋幸福。

四是帮解决困难。村计生员陈桂妹说："村民陈国明，原生育一男一女，已落实女扎措施，后来陈国明的男孩因车祸死亡，只剩下一个女儿，像他这种情况，能否给予申请输卵管复通手术，再生一个子女。"邢维科书记在卫计战线工作多年，比较了解计生相关政策，他到陈国明家里核实情况，又到镇计生办、县卫计委沟通。2018 年 7 月 12 日，陈国明的配偶陈金柳到海口进行输卵管复通手术。

主要成效

经过几个月的努力，尖峰村已呈现出欣欣向荣的发展局面。邢维科在"第一书记"的岗位上，努力践行"一切依靠群众，一切为了群众"的思想理念，切实帮助和解决群众在生产生活中的实际困难，时刻保持一名共产党员和基层领导干部应有的清正廉洁形象，在全村广大党员干部中做出表率。

一是党员意识增强，工作积极肯干。经过学习教育，广大党员思想进一步解放，党性增强，意识提高，行为得到转变，主动参与尖峰村垃圾乱倒、柴草乱堆、畜禽乱跑、污水乱泼的问题专项整治活动，带头搞好自家房前屋后卫生，为改善乡村面貌贡献力量。特别是村委会副主任、入党积极分子黄日忠，为防止垃圾堆积，在没有报酬的情况下，每天坚持到大凯村清理清运垃圾桶，大凯村民都叫黄日忠为"拖垃圾干部"。

二是扶贫工作开展有序，群众满意度高。通过开展结对帮扶、强化志智扶贫、以合作社为载体、开展"漏评""错退"工作、抓好危房改造工作等五个方面扎实有序地开展扶贫工作，让真正贫穷的人得到帮助，让想钻空子的人心服口服，群众满意度高，干部认可度高，彻底打开工作局面。

三是解决群众难题，获得群众赞许。通过帮修桥、帮修水利、帮助解决群众困难，切实解决群众在生产、生活上的困难，得到群众的赞许。

思考与启示

其一，下派的第一书记要有责任心。短短几个月，村里发生很大变化，村民得到实实在在的帮助，可见第一书记的责任心。

其二，只要村"两委"实实在在地开展工作，一心一意地为民服务，村民就能获得实实在在的福利，村容村貌就能得到实实在在的改变。

其三，党政军民学，东西南北中，党是领导一切的，只有加强党支部的建设，才能发展好村里的一切。

脱贫攻坚一线的第一书记

——乐东县九所镇九所村驻村第一书记高炬

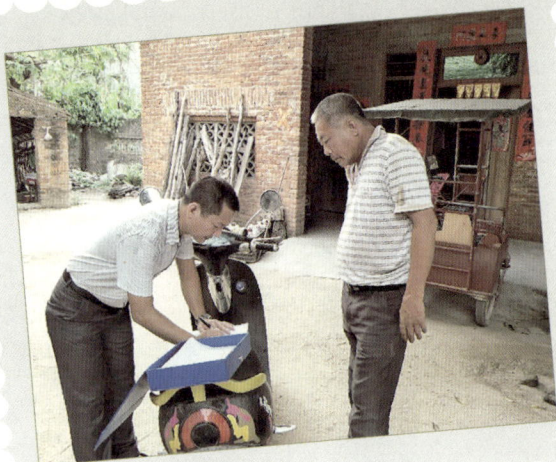

人 物 名 片

高炬，中共党员，汉族，1976年生，海南乐东人，大学本科学历。1998年7月参加工作，历任黄流中学教师、县国土环境资源局规划股股长、县国土环境资源局审批办主任、县国土环境资源监察大队副队长、县规划委科员。2017年2月，乐东县委组织部根据县国土环境资源局推荐派高炬到九所村担任第一书记。

村庄情况

九所村位于九所镇南侧位置，地理位置优越，交通发达，离环岛高铁站、环岛高速路九所出口较近，距离即将开通的中线高速路口 12 千米，通海公路、正在建设的滨海公路互相贯通，交通十分便利。自然村 2 个，共有 14 个村民小组，994 户，3 978 人，村"两委"干部 9 人。全村耕地总面积 1 460 亩，其中水田 1 044 亩，旱地 416 亩，耕地灌溉水源来自长茅水库，主要产业是香蕉、龙眼、芒果、槟榔、豆角、青瓜、哈密瓜种植等。 是一个拥有贫困户 38 户共 139 人的贫困村。

主要做法

深入调查了解村情民情

任第一书记后，高炬通过召开村"两委"干部会议及个别谈话形式了解村情民情，并连续 15 天走村入户调查 172 户，为开展工作取得了第一手资料。在通过查阅资料，并与村"两委"干部、村里群众充分交流沟通以后，面对基层党组织涣散、纪律松弛的现象，他暗下决心：抓党建以促脱贫，兴产业以助发展。

加强党支部建设，发挥战斗堡垒作用

打铁还需自身硬。脱贫攻坚任务之完成，改善民生目标之实现，都离不开一个坚强有力的基层党组织的带

领。为了切实履行好第一书记职责，高炬入村后首先从思想建设、工作督查、制度完善、权力监督几方面入手，抓学习教育，提综合素质。同时，积极与村"两委"干部进行思想沟通，掌握班子建设薄弱环节，制订中长期工作计划，按工作时限高质量完成各项目标任务，并严格坚持轮流带班制度，依法依规治村，强化党风廉政建设。积极主动配合林祥源书记抓好党支部建设和日常党建工作。

一是积极协助落实好"四项制度"，做到"议事决策三公开"，党支部严格落实"三会一课"制度，定期不定期召开支部党员大会、党支部委员会、党小组会、党课等共同学习党章党规及习总书记系列讲话；二是认真组织观看"两学一做"电视夜校 12 期并组织交流心得体会；三是组织召开民主生活会，有针对性地开展批评与自我批评；四是发挥每个党员的先锋模范作用，及时加强沟通协调和谈心引导等工作。

增强责任感、紧迫感，确保脱贫攻坚见实效

经调查核实，全村共有建档立卡贫困户 38 户 139 人，其中：2016 年已脱贫 12 户 39 人，2017 年计划脱贫 19 户 79 人，2018 年计划脱贫 3 户 9 人，2019 年计划脱贫 4 户 12 人。

（一）明确责任

针对九所村的实际情况，研究制定帮扶责任方案，对脱贫攻坚任务进行细化，明确具体实施措施和责任人，形成县、镇、村三级"一对一"帮扶，确保精准帮扶工作。

（二）产业帮扶

一是积极与村"两委"沟通研究，制定《九所村 2017—2019 年度发展规划》。二是联系乐兴、福田农业公司成立"企业＋贫困户（25 户）"种植合作社。三是整合土地整理资金 1 018.56 万元，启动坡仔村"旱地改造水田"基本农田建设项目，项目预计将五级地力提升至二级地力，这将极大地提升农户收入，很好地助力脱贫攻坚工作。四是积极申请资金，县国土环境资源局从紧张的工作经费中核拨 4 万元给九所村作为产业帮扶资金，由村委会针对贫困户情况安排使用。五是帮助 2016 年及 2017 年已脱贫户申请贷款，以加入镇政府组建的合作社，并以合作社的形式加入海南高明火龙果种植基地。

（三）组织开展扶贫慰问活动

其一，2017 年向社会募集资金共 8.01 万元帮助 30 位困难学生圆梦大学，2018 年向社会募集资金共 4.91 万元帮助 22 名困难学生圆梦大学。其二，联系茂隆公司筹集资金 2 800 元和约 3 600 元的物品慰问 20 户困难党员群众。其三，联系中和集团公司为 7 户贫困户捐资 3.5 万元安装窗户。其四，组织开展扶贫慰问工作，2017 年联系县国土局开展暖心大走访活动 5 次，各种慰问品发放合计约 5 万元；以单位的名义资助张鹏、张悄、陈纪钊 3 位同学圆梦学业资金各 1 000 元。其五，协助争取各项帮扶政策：2017 年 19 户贫困户已落实危房改造指标 5 户，2018 年 3 户贫困户已落实危房改造指标 1 户；配合组织贫困户参加新农合；积极与教育部门落实教育帮扶，确保贫困户子女上学补助及时发放到位。

（四）做好思想帮扶

通过不断地入户走访工作、记民情日记，深入了解群众的所思所想所盼，同时把村委会的工作意图向群众深入宣传，让群众了解全村发展大局。通过慰问困难党员群众，帮助其解决困难，制订创业计划，力争帮助困难党员群众增加收入。通过对不断地为贫困户讲解国家政策，积极做好贫困思想工作，使他们摒弃心中的"等靠要"思想，让他们清楚认识到政府给予的各方面帮扶都是有限的，只有彻底摒弃"等靠要"思想，走"企业＋贫困户"种植合作社道路，积极用自己的双手，开拓属于自己的致富路，才能真正走出贫困的圈子。

（五）加强社会管理

通过积极走访、紧密联系党员群众，建立健全绿色信息全覆盖，真正做到随时随地了解农民群众生产生活，对发现的安全隐患，积极和司法、纪委、公安等部门加强联系，及时发现，即时处理，争取把安全隐患消灭在萌芽状态。

（六）构建民生工程

针对村内道路及路灯等问题，积极联系交通局，本年度该局已安排 3.05 千米的道路指标对本村土路进行硬化；认真组织研究路灯原覆盖未及 30% 的问题，从本村 2017 年度财政收入中安排资金安装路灯 25 杆，大大提高了夜间照明问题；联系陈人川开通村庄路网约 700 米，完成后将极大地方便群众的生产生活。

主要成效

狠抓村庄环境卫生，村庄更加宜居；完成道路硬化，村庄有了路灯，从此村民在黑夜行走不会再摔倒；路上有了凹凸镜，车撞人的事故变少了；破旧的房子被推倒，新房取而代之……与一年多前相比，九所村的变化无疑是喜人的。

党建初见成效，党员积极性增强

一是组织召开民主生活会，查摆村委会在组织建设、脱贫攻坚等方面问题 76 个，经过努力已完成整改 72 个；二是通过具体帮扶，新发展入党积极分子 9 名、预备党员 1 名、转正党员 1 名。

脱贫攻坚成效显著，贫困户收入有保障

一是通过"企业＋贫困户"模式，2017 年底为 18 户贫困户获得分红 1 500 元。在县委县政府、镇委镇政府的牵头下，又安排了今年的国家扶贫资金，组织 2018 年拟计划脱贫的 3 户 9 人及 2019 年拟脱贫的 4 户 12 人共计 21 人抱团取暖，采取"企业＋贫困户"模式纳入高明火龙果种植基地，预计年底每户分红 5 000 元。启动了坡仔村"旱地改造水田"基本农田建设项目，并积极向乐东县国土环境资源局申请 4 万元作为九所村的产业扶持资金，以扶稳壮大产业项目。二是由党员发动贫困群众积极参与，摒弃"等靠要"思想，积极用自己的双手开拓属于自己的致富路。如此一来，贫困群众不仅有了种植哈密瓜、豆角等农作物的收入，还多了份务工收入。三是 2017 年 2 月至今共组织调处各种纠纷 92 件，很好地维护了社会稳定。

思考与启示

第一书记如何发挥自身作用，更好带动驻点村发展，是一个长久以来的课题，也是众多第一书记要有所认识的问题。

掌握第一手材料必须沉下心思做调查

驻村第一件事就是沉下心思做调查，村里的基本情况、人口数量、经济发展水平、党建工作情况、贫困人口情况等等。不做调查、不了解情况，一拍脑袋做决策，只会使问题复杂化，不利于搞发展。调查方式有很多，其中就有书面材料查阅及入村入户调研。第一书记要两种方式结合开展调查，这样才能了然于心。

熟村情办村事必须住在村里开展工作

省、县有关驻村第一书记的管理办法中就明确指出，第一书记要坚持吃住在村、工作在村，这是第一书记必须要遵守的，同时也蕴含着一定的道理。只有真正从派出单位纷繁复杂的业务中脱出身来，安下心来，全身心地投入农村工作中去，才能真正熟知村里的情况，带领驻点村走向真正的发展。"候鸟"式、"走读"式的工作方式，全无作用可谈。住在村里开展工作还有另一个好处，就是能在村里发生情况的第一时间赶赴现场，了解第一手资料，有利于解决问题。

帮助驻点村全面发展必须全面谋划

"第一书记"并不是直接对村里的大小事务进行决策，而是要发挥自身素质、能力、思路优势，帮助驻点村开展好各项工作，其中就包括提升党建工作、完善规章制度、带强班子成员、帮扶村子致富等。

在提升党建工作方面，要结合"两学一做"学习教育及"勇当先锋、做好表率"专题活动，坚持问题导向，重点围绕农村党员队伍老龄化、党内组织生活不规范、抓党建促脱贫攻坚力度不大、支部战斗堡垒作用和党员先锋模范作用发挥不明显等方面存在的问题和短板，逐项明确目标任务，制定整改措施，明确责任人和完成时限，整改一项，销号一项，不断提升基层党建整体水平。在完善规章制度方面，首先要了解村里现行的规章制度，逐条列出不符合现实情况的规章制度，并加以废止或重新修订。出于工作需要，要制定新的规章制度，要与"两委"班子成员座谈沟通，协商出具体措施。在带强班子成员方面，一是重点抓现任"两委"班子建设工作，借鉴以往好的方法和路子，积极帮助村里建立健全班子运行、民主公开、决策议事、村务管理监督等规章制度；二是做好村级后备干部培养，挖掘村里的年轻人才，让他们参与村里的部分工作，发现突出人才要及时向镇党委、镇政府推荐。在帮扶村子致富方面，首先要找准路子，想方设法帮助村里抓招商引项目，注重引导村集体调整经济结构、培育发展产业、做强集体经济，推动村级经济蓬勃发展。同时对于贫困人员加强重视，对于有一技之长的，首要引导其就业，落实长期就业方向和岗位。积极开展产业扶贫，通过产业合作社的方式，将贫困人员吸收进来，共同致富。

精心打造品牌 "福芋" 变 "富芋"

——澄迈县金江镇道南村驻村第一书记林云云

人 物 名 片

林云云，中共党员，汉族，本科学历，澄迈县教科局教师研训中心教育资源室主任，被派驻金江镇道南村任第一书记。

林云云曾历任澄迈县永发中学、瑞溪中学、西达中学校长达 16 年。2004年至 2008 年连续 5 年荣获澄迈县"十佳校长"荣誉称号，2011 年再次荣获"十佳校长"称号；2011 年被澄迈县推荐为"海南省十佳校长"候选人，2016年担任西达校长期间西达中学荣获"澄迈县十佳学校"称号。因为长得比较"接地气"，不知道他履历的人，都不会把他和老师联系起来，更不会知道他曾是一位为澄迈教育事业做出无私贡献的好校长。正是这位普通的党员，一名教育系统的干将，在扶贫的路上用自己的担当诠释了新时代合格党员的忠诚。

村庄情况

道南村委会现有自然村 5 个，总户数 265 户，总人口 1293 人，村内有建档立卡贫困户 61 户 271 人，低保户 33 户 81 人，五保户 28 户 28 人，残疾人 24 人，四类人员共有 404 人，占总人口的 31%，是澄迈县出名的贫困村，也是"十三五"整村推进贫困村。

道南村委会位于金江镇西南，距县城 18 千米。辖区面积约 1.98 平方千米。耕地面积 1 815 亩，全年水稻种植面积 1 261.2 亩，林地面积 3 000 亩。农业主产稻谷、瓜菜、芋头、番薯，禽畜以生猪、鸡、鹅为主，热作种植橡胶树，其中道南芋头梗为特色农副产品腌菜。

主要做法

在接到组织任命后，林云云身边的亲人好友都极力劝阻他："你的岁数已经不小了，而且刚从校长的位置上退下来，就不能好好休息多陪伴家人吗？干吗还要当'官最小、活最杂、事最难'的第一书记？""道南村委会是基层党组织软弱涣散党支部，战斗力不强，农村工作不好做，你现在去担任第一书记，光扶贫任务就把你压死了。"面对一片反对声，年逾五旬的林云云依然坚守一名共产党员的精神高地，他说："党组织在清楚我个人情况下还找我谈心，说明党组织十分需要我、信任我，我不能

因个人客观原因而拒绝组织的安排。"

道南村委会特色农业产品福芋原名山口芋头。2016 年道南村委会脱贫攻坚整村推进工作开展后，于 2017 年注册成立澄迈县群富农民种养专业合作社，欲通过产业发展带动道南传统福芋种植业、打造品牌农业助脱贫致富，遂把山口芋头改名为道南福芋，寓意"富硒福地""长寿澄迈"。同时寄望于道南通过发展芋头品牌之路带动农民增收致富，添财添福。

道南福芋有上百年种植历史，由于道南特有的土质富硒、富钾，生产出来的芋头营养价值丰富含有大量的优质淀粉、矿物质及维生素，既是蔬菜又是粮食，这使得道南芋头及农家作坊人工腌制的酸芋头梗具有独特口味，在澄迈已具有良好口碑。

2016 年道南村委会成立群富农民种养合作社后依靠政府的扶持开始了道南福芋品牌打造工作。但由于产品质量欠优和宣传工作不到位，芋头销路不畅通，群众受益不大，种植热情不高。要想持续产业发展，质量是基础，销路畅通是群众收入的保证。

2017 年 5 月林云云到任后和村"两委"干部交流的第一件事就是一定要用科学技术将"福芋"变为农民的"富芋"。一进村林云云就真真正正驻扎下来，进村入户同芋头种植土专家探讨种植及管理技术，利用自己大学读生物学专业所学知识和对种植业的了解，用一个多月时间走访并收集有关种植芋头的材料。特别是多次走访有多年种植芋头经验的下岭村村民小组长冯德亚，理出了一套种植芋头及管理的材料，对当地农民种植芋头具有指导性意义。通过理论和实践总结出"有木灰，芋头香"的经验，即种植芋头时适量施用草木灰，生产出来的道南芋头更具道南醇香。

带着整理好的材料，林云云首先通过政府的支持请来农技中心技术员为农民进行种子挑选、保存相关环节的培训，

确保农户挑选的种子优质健康。其次定时帮助农户检测种子保存期间有机物损耗情况。然后在种植前帮助农户去劣留优，确定哪些种子能下种哪些不能下种，大大减少了农民因种子识别能力差而误种或重复耕种耽误最佳种植季节的情形，确保农户种植的芋头苗壮而健康。接着，同县农业技术员共同合作做好芋头生长中期管理工作。统一规范除草、施肥时间环节，不伤根、不伤苗，避免中期因除草施肥不当而伤害芋苗使健康的芋苗变为病苗或死苗，造成减产。最后是请防治病虫害专家到田地里亲自指导病虫害防治工作，科学识别各类病虫害，科学使用农药，使芋头在出现病虫害时防治及时、用药准确。功夫不负有心人，经过农户和专业技术人员的精心管理，道南福芋喜获丰收，芋头亩产量比以往增加 1 000 多斤。

然而农民担心的事还在后头，今年全县各地区种植芋头较多，产量也高，会不会又成了增产不增收？谁能为道南福芋打开市场销路？是政府、驻村工作队？不！是道南福芋产品质量做底蕴。

"好的！好的！我马上安排村委会合作社工作人员打包装送到您单位。"5 月 25 日中午刚赶到海口中国（海南）改革发展研究院参加培训的林云云接连接到澄迈县卫计委、澄迈县教科局等单位 1.2 万斤芋头的订单。万事开头难！终于等来了第一张订单，一心只想着如何畅通道南福芋销路打造优质品牌的林云云终于松了一口气。有了第一张订单，顾客品尝到道南福芋的美味，下一张订单马上就会来！林云云充满自信地说："只要吃了道南福芋一定会有许多回头客帮我们宣传，我相信我们的农产品物有所值，会备受消费者的青睐。"

在芋头收获前，合作社制定了一套行之有效的推销方案。凭借已有的名气，合作社还为福芋注册了商标，为线上销售打下了基础。同时，采用先免费送货上门免费品尝后订货的做法，以质量赢顾客，以服务暖客心，到全县各单位上门做宣传工作，在临高、儋州、屯昌设立销售点。在大家的共同努力下，道南福芋丰产又增收。与此同时，在各地芋头同等丰产的情况下，有些地方芋头销售价降至0.6元1斤时，道南福芋凭借特有的产品质量和到位的服务工作，今年最高销售价高达8元1斤，最低价2.5元1斤，最低价达到去年最高价格，并且在芋头收获期间没有出现滞销，为农民解决了销路难的问题，打开了福芋推销大门。更可喜的是道南福芋得到了儋州、屯昌、临高等市县顾客的认可，今年在这三个市县销售了10万多斤。道南福芋也走进了公司赢得员工们的喜爱，东方鼎盛海南公司和澄迈青年创业团体分别订购道南福芋1.5万斤和0.8万斤，大大提高了道南福芋的知名度。

随着种植技术的不断提高，产品质量的不断提升，农民从观望到行动，从开始参与到用心耕种，从种植亏损到增收，他们重拾信心。明年合作社将加大技术培训力度确保产品更加优质，质量更上一层楼。同时，合作社提供50万元资金为贫困户免费提供优质种苗、肥料、农药，并提供一切技术指导，让贫困群众真正得到实惠，让他们在自己勤劳下脱贫致富，真真正正摆脱"等靠要"思想。用心品尝勤劳致富的果实，彻底斩断"穷根"。

主要成效

在第一书记的带领下，道南福芋的种植与销售渐成体系，为当地群众带来了实实在在的收益，村民的生活越过越好。

思考与启示

"群众富不富，关键看支部。"农村是扶贫的基础、扶贫的第一线，驻村第一书记作为村党支部的"领头雁"，在带领群众致富中发挥着积极作用。

第一，带强班子。"火车跑得快，全靠车头带。"一个村的工作能不能做好、发展得怎样，关键看有没有一个坚强有力的"两委"班子。抓班子，就是把配强一个好班子作为第一保障，选好带头人，完善规章制度，确定发展思路，为所驻村长远发展奠定坚实基础。第一书记要把后进班子整顿作为工作的重中之重，重点抓好"两委"班子建设、预备党员干部培养和村级规范化建设等多项任务，进一步提高农村班子的建设水平。要借鉴机关班子建设中的好经验、好做法，积极帮助村里建立健全班子运行、民主公开、决策议事、村务管理监督等规章制度；要注重后备力量的培养和指导，善于发现人才，储备人才，培养人才，积极向镇党委、政府推荐，不断增强农村班子活力。

第二，带对路子。路子对头，发展才有盼头。当前大部分农村苦于找不准适合本地发展的项目和龙头企业，脱贫步伐处于"起步走"阶段。作为驻村第一书记要把农村发展、农民致富作为重要任务，积极转变思路，想方设法帮助村里抓招商引项目，注重引导村集体调整经济结构、培育发展产业、做强集体经济，推动村级经济蓬勃发展。针对群众渴望致富的实际，发挥见识广、视野宽、资源多的优势，主动帮助群众找准发展路子，用情用理不用强，注意方法，强化引导，促进农村群众发家致富。

第三，带富村子。巧妇难为无米之炊。当前部分农村集体经济薄弱，甚至有的是"空壳村"，村级党组织没钱办事。作为驻村第一书记，首要的是带头宣传党的扶贫开发政策，带头包联贫困户，带头完善扶贫手册，帮助村"两委"制订好脱贫计划，实施好个性化帮扶方案。要从产业发展、金融扶持、技能培训等方面下功夫，不断提升造血功能，带领群众坚决打赢脱贫攻坚战。

做群众随叫随到的"土专家"

——临高县多文镇凤雅村驻村第一书记黄尚骞

人 物 名 片

黄尚骞，汉族，1989年生，大学本科学历，中共党员，临高县纪委监委派驻多文镇凤雅村第一书记。

自2017年2月开展驻村工作以来，黄尚骞同志始终紧紧围绕农村工作大局，依靠村党组织，以"双争四帮"为目标，通过抓班子、带队伍、兴产业、促发展，为凤雅村脱贫攻坚工作打下了坚实的基础，树立了良好的榜样。2018年获得临高县"最美扶贫人"奖项。

村庄情况

凤雅村地势平坦，土地肥沃，橡胶、香蕉、瓜菜等是当地村民的主要收入来源，但收入不稳定。至 2016 年，全村共有 80 户贫困户，人口 366 人。

主要做法

勤走访、深调研，理清发展思路

驻村后，黄尚骞深入走访全村 8 个村庄的困难群众，访贫因、挖穷根，深刻认识到贫困户脱贫的关键是要培育适合当地的主导产业，激发内生动力。他结合村情提出"建产业、强组织、亮新村"的工作思路，以"双争四帮"为目标落实脱贫攻坚工作，推进产业发展，带动群众致富增收，探索出了一条符合凤雅村实际的扶贫工作新路子。作为第一书记，从机关到村庄开展工作，面对农村的复杂情况难免不知所措，但他经常到老党员、退休的支部书记、支部委员、群众代表、贫困户家中走访座谈，征询他们对村庄发展的建设意见、发展思路。经过一个多月的深入走访调研，他终于将村情民意摸清吃透。2017 年 4 月，黄尚骞带领 9 名村"两委"干部一道到三亚、保亭、东方等地考察农业种植养殖项目，学习借鉴外地致富经验；在多方征询党员群众和贫困户意见的基础上，制定出了凤雅村产业发展规划，引进了百香果种植项目，为困难群众解决永续增收问题和脱贫攻坚工作奠定坚实的基础。

抓班子、带队伍，筑牢党建基础

长期以来，凤雅村党支部属于基层党组织软弱涣散型，支部成员沟通不够，党员和支部的先锋模范作用和堡垒作用不强，制度建设不完善。面对这些问题，黄尚骞深知要打赢脱贫攻坚战就得激发基层党组织的先锋模范作用和战斗堡垒作用，为了能够和党员干群打成一片，他拿出纪检干部硬朗的工作作风，让自己融入基层，扑下身子。通过召开民主生活会、个别交心等方式让党支部书记与班子成员之间互相谈心、交换意见，自觉强化大局意识和责任意识，班子成员之间沟通思想，消除分歧，积极营造团结和谐的气氛，逐步建设成品德好、潜力强、作风正、能带领群众加快脱贫致富的优秀党支部。在他的带领下，凤雅村党支部面貌焕然一新，完善制定了《党支部工作制度》《村委会工作制度》《村干部值班制度》《村委会财务管理制度》《村委会卫生管理制度》《党员管理制度》6个内部管理制度，进一步落实党务、村务、财务制度，增强工作透明度，让工作有章可循。2017年11月，在全省脱贫致富电视夜校教学点评比活动中，凤雅村教学点荣获"全省脱贫致富电视夜校优秀教学点"称号。

忙"输血"、促"造血"，抓好主导产业发展

凤雅村旱地面积有3 606亩，林地面积4 780亩，土地面积不少但老百姓利用率较低，部分土地丢荒问题严重，而用于蔬菜种植的水田依靠传统技术年产量不高，导致当地老百姓收益低，村集体经济空壳等现象。为解决当地农业增收产业结构单一、产业无规模问题，黄尚骞与村"两委"干部共同商讨，在加大建设村级基础设施的前提下，成立了临高雅香园种养专业合作社，采取"公司＋合作社＋贫困户"的发展模式，通过引进百香果种植项目，以产业扶贫资金入社，贫困户种植，公司负责回收的方式，带动当地贫困户及周边农户实现增收致富。

"这里的百香果枝条太密，我们收完这一批的尾果，要修剪一下，不然以后果子长不大。这是黄书记多次嘱咐我的。"贫困户符汝坐经常对村里种植百香果的农户说。2017年4月，黄尚骞和村干部经过考察后，决定带领凤雅村贫困户发展百香果种植扶贫产业。但说起来容易做起来难。这种在当地从来没有种过的水果，人们不熟悉技术和市场情况，却要作为产业来发展，大家心里都没底，甚至出现了质疑声。面对这样

的困境，黄尚骞并没有气馁，他深知如果不让大家看到实实在在的东西，换作是自己也不会相信。于是他带领大家前往三亚、东方等地参观别人种植百香果的果园，牵头成立专业合作社，号召党员干部带头示范种植，与公司对接保底价收购，自己又策划打造品牌、学习种植技术指导，在果园里和种植户交流经验技术，很多老百姓都叫他"土专家"。有了这位随叫随到的"土专家"，村民的顾虑一消而散，在党员干部的带头种植下，全村种植百香果130亩，34户贫困户加入了百香果种植合作社。目前，村里还与其他村合作打造了百香果60亩示范基地，百香果产业越来越规模化。"我们家种了11亩，按照现在的行情，第一批果已经收入1万多元了。"符汝坐笑着说。

如今的凤雅村因百香果而远近闻名，在临高，只要一提到百香果，大家都会知道有个种植百香果的村，叫作凤雅村。正是有了这样的好口碑，为凤雅村在积极打造美丽乡村、旅游乡村上提供了很好的基础。今年7月，黄尚骞又和全体党员领导干部共同谋划出"三点一线"美丽乡村建设理念，让凤雅村走出了一条新鲜、有特色的扶贫路子。

乐于助人，用心用行诠释好党员

"黄书记，不好了，王优又发病了，需要急救。"这是一通来自凤雅村村干部符碧连的紧急电话。2018年4月25日晚，贫困户王优因患有脑囊肿突发急病，在家中晕倒，不断地抽搐，情况十分紧急。危急时刻，黄尚骞和村干部们及时伸出援手救助。王优因发病突然，村里离县人民医院又远，救护车不能及时到达，想到这，黄尚骞立刻组织大家一边尽可能采取急救措施，一边组织车辆将病人送往县医院急救室。当晚10点，经过医护人员的抢救，王优总算脱离危险，大家都松了一口气。急诊医生说："还好送来及时，否则这样抽搐下去就危险了。"

由于县级医疗设备有限，医生建议转院至海口市人民医院治疗，黄尚骞又自掏腰包 700 元主动帮助王优办理转院手续。最终，在家人的陪伴下，王优成功在海口市人民医院治疗。

第二天上午，回到村委会的黄尚骞召集党支部全体党员，以党员带头的方式，在全村范围内号召大家为王优一家人进行捐款，10 元、20 元、50 元……在筹得 2 200 元善款后黄尚骞代表村委会将钱送到了王优妻子林连收的手上。林连收一只手拿着钱，另一只紧紧握住黄尚骞的手，激动得说不出话来。此事经过村民口口相传后，在多文镇引起了强烈反响，大家都被这名年轻的第一书记乐于助人的精神所感动。而黄尚骞多次拒绝媒体采访和报道，只谦虚地说自己做了应该做的事，没大家说的那么好。

主要成效

抓党建促扶贫，支部面貌焕然一新

黄尚骞抓党建促脱贫攻坚，通过狠抓队伍建设，突出党建模式亮点。在发展特色产业百香果时，他提出党支部要积极探索"党建＋"模式，不断鼓励党员发挥示范引领作用。在全村形成"党员＋产业"，强化先锋引领；"党支部＋合作社＋项目"，强化输血造血转变。充分利用本村地理优势和资源优势，按照"特色引领、生态优先、产业强村"的发展思路，紧紧抓住发展机遇，不断优化产业结构调整。2017 年以来基本形成"一村一品"特色化发展模式。

引产业创增收，真帮实扶出成效

发挥本村地理资源优势，引进百香果扶贫产业，盘活了贫困户手中的闲置土地，贫困户利用扶贫资金抱团成立合作社，相互学习种植，统一管理、统一销售，从实际意义上让贫困户从"输血"向"造血"功能转变，目前全村百香果产业推广种植面积达 300 亩，顺利实现了全村 69 户 327 人脱贫。百香果产业的进驻对促进农业增收、农民增收起到了很好的示范引领作用。

改善生产设施，优化脱贫环境

黄尚骞主动作为、靠前服务，成为不断完善基础设施的重要力量。一年来，解决了村里多条道路行路难问题，完善头南洋瓜菜基地的运输道路、头拱村至龙武村2千米的水利建设、水塔过滤网建设、凤雅水库加固等基础建设。同时结合脱贫攻坚工作，组织村"两委"干部每月进行矛盾排查，对潜在的矛盾隐患和已发生的民事纠纷进行分析、调解，成功创建了全省民主法治示范村，营造法治和谐的脱贫环境。

思考与启示

选派机关党员干部到农村担任第一书记对于建强基层组织、推动精准扶贫、维护和谐稳定、提升治理水平等都有着十分重要的意义。目前，随着以习近平同志为核心的党中央对脱贫攻坚工作的深入推进，对驻村第一书记提出了更新更高的要求。

"亲"是驻村第一书记开展工作的首要前提

在交流过程中不难发现，有的驻村第一书记抱怨贫困户"等靠要"思想严重，无法对其进行思想帮扶；有的则促膝长谈，有聊不完的帮扶方法；有的在和贫困户的关系上处理不好。要做到真帮扶、出实效，第一书记首先要做到的就是"亲"。像对待亲人一样看待贫困户，像在自己的家一样住在村里，时常进村入户了解村情民情，特别是对困难群众要经常到其家里座谈，深入了解困难情况，当贫困户的"家里人"，唠家常，增进感情，掌握困难群众思想动态……这对往后实施帮扶、政策宣讲等工作有很大的帮助。如果第一书记不经常驻村，不多在村里走动，不多和村民交谈了解情况，难免工作上会流于形式，走过场。

"贴"是驻村第一书记开展工作的核心

第一书记是县、省机关单位派驻到农村开展帮扶工作的，组织从众多干部中选派优秀机关干部到村担任第一书记，就是希望第一书记发挥素质高、能力强、思路活的优势，帮助广大贫困农村开展好各项脱贫攻坚工作。所以第一书记要切实做到贴近农村基层，既要帮党建提升，又要帮发展帮观念转变。基础不牢，地动山摇。第一书记作为帮扶脱贫攻坚工作的第一枚"纽扣"，扣错第一枚纽扣将一错到底，会出现帮扶对象不了解、精准识贫不准、帮扶措施不实、帮扶成效不明显、搞数字化脱贫等问题。要积极回应群众所盼，注重问题导向，贴合实际，不讲大话，从细节扶贫抓起，增强贫困户发展意识，帮助他们克服安于现状的思想。

"实"是驻村第一书记开展工作的关键

很多第一书记奋战在基层一线，有的扶贫工作做得非常好，政策落实得好，宣传力度大，深受老百姓的爱戴；有的则像无头苍蝇，工作开展起色不大。工作不好开展，究其原因是工作方法不对头、不实在。作为扶贫政策的宣传员和落实者，肩负着打赢脱贫攻坚战的历史责任。扶贫工作过程中如果不及时领会上级的新政策、新精神，就会出现政策落实有偏差，不实在，搞形式主义。比如在宣传政府有关的扶贫政策和国家惠农政策上，仅停留在张贴宣传标语，而没有真正进村入户和贫困户面对面交谈，将党和政府的好政策细细分析给贫困户；又比如在制定帮扶措施制定产业发展上，不和贫困户真正坐下来商讨如何更好地使用扶贫资金，只一味地任由发展，不符合实际，最后导致帮扶成效不明显等问题。这些都足以说明帮扶过程中路子对头了，发展才有盼头。第一书记在开展扶贫工作中一定要做到实实在在、扎扎实实，使群众吃上政策的"定心丸"。

"严"是驻村第一书记的自我要求

第一书记住在村里、干在村里，直接接触的是村里的干部和普通群众，一言一行影响着群众对党和政府的看法。所以，严格遵守工作纪律和规章制度，从严律己，才能使群众信服，才会在群众中留下好的印象，群众对党和政府的工作才会认可。第一书记要学会"较真"。扶贫工作中，老百姓的每一件小事都是大事，都要做到高标准、严要求。特别是面对矛盾和问题，要敢于动真碰硬，迎难而上，决不能临事而惧、瞻前顾后、贻误时机。特别是对识贫纳贫、产业资金发放、帮扶成效、脱贫退出等涉及扶贫政策要求的工作，一定要做到公开、公平、公正，杜绝发生在群众身边的腐败问题和不正之风。第一书记要学会"两袖清风"。自身的纪律要求要更高更严，自我约束，不搞形式化、不搞特殊化。特别是扶贫资金的把关、使用等更要严守廉政纪律，以自身的形象为基层党组织、党员领导干部做好表率。真正做到两袖清风，自觉维护机关干部的良好形象。第一书记要学会"按部就班"。党和政府的各项规章制度，出台的各种扶贫政策，要真正落实到基层才能算是好政策，第一书记作为基层的执行者，既要指导督促又要能抓落实，否则所有政策只是纸上谈兵。驻村期间，第一书记本人要扎实推进村务公开和民主管理工作，定期实行村务、财务公开，民主决策、民主管理、民主监督，全面落实"三会一课"制度，严肃认真开展组织生活会，健全完善"村规公约"，进一步增强基层党组织的战斗堡垒作用。

做服务贫困户的好公仆
——临高县临城镇头星村驻村第一书记符精堃

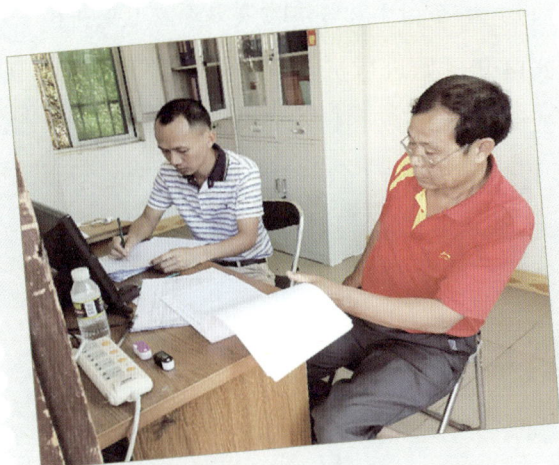

人物名片

符精堃，中共党员，汉族，大学本科学历，现任临高县委政策研究室副主任。2017年3月起挂职临城镇委副书记，并被选派到临城镇头星村党支部任第一书记。履职以来，他坚持落实新发展理念，紧紧围绕"双争四帮"工作要求，不断加强自身建设，团结村"两委"班子成员，克难奋进，扎实推动县委、镇委相关工作部署，有效推进了头星村的经济社会发展和党建、脱贫攻坚工作。

村庄情况

　　头星村委会是"十三五"整村推进贫困村，下辖头星、罗文、龙茶、富霞、黎昌、文道、美台等 7 个自然村。全村现有 603 户 2 481 人，其中中共党员 42 人。全村土地面积 7 592 亩，其中耕地面积 3 978 亩（水田 1 592 亩，坡地 2 386 亩），林地面积 1 512 亩。全村主要经济收入来源为瓜菜种植、水稻种植、养猪、建筑、务工等。2014 年开始进行贫困人口建档立卡，建档立卡贫困户 269 户 1 207 人（其中：社保兜底 23 户 104 人），纯低保户 24 户 64 人，五保户 12 户 12 人。2016 年前贫困发生率 48.5%，致贫主要原因是农业基础设施落后、人均耕地面积少（人均水田面积 0.65 亩），没有村集体经济收入。

主要做法

扑下身子，真抓实干

　　符精堃同志 2016 年作为帮扶责任人来到头星村，2017 年 3 月接任第一书记后，他立即转变思想、改变方向，投身村务工作，而不再局限于固定帮扶贫困户工作。为了能趁早摸清头星村的底子，他先后组织召开村"两委"会议和党员大会，认真听取并记录了头星村近况汇报及对下一步发展规划的建议，并要求全体党员干部要统一思想，树立脱贫摘帽信心，要坚决按照县委、县政府脱贫攻坚的决策部署，始终把脱贫攻坚作为首要政治任务和第一民生工程来抓。上任后的第一个月，头星村的大街小巷成了他奔波忙碌的主战场，他常常放弃节假日休息时间，走东家、串西家，与农民促膝谈心，虚心请教农村工作经验丰富的老干部、老党员，掌握村情民意，加班加点扎实学习第一书记与驻村工作队的相关工作制度、工作职责等知识，切实提高自己的政治理论水平和工作质量、效率。为确保"精准扶贫、精准脱贫"的基本方略落实到位，他组织全体帮扶责任人逐户入户再次深入调查分析贫困户致贫原因和发展现状，严格按照"扶贫先扶志、帮困不帮懒"的原则，因户因人动态调整帮扶措施和巩固脱贫计划。

林青是头星村委会罗文村民小组的一名贫困户，以前家中只有几分地种植水稻，常常入不敷出，家庭十分困难。符精塾在了解其家庭详细情况后，结合罗文村当地种植特色，经过多次深入田间地头调研后主动与林青进行沟通，鼓励其改种香葱。"我租的这2亩地种香葱，每年种三到四次，收入能过万元！"林青高兴地说。在得到符精塾的支持后，他大胆尝试，租了2亩地种植香葱，现今看到了希望，林青干劲十足。除了种葱，他还帮老板在村里代收香葱，全年下来，工资加提成，收入有了显著的提高，并成为临高贫困户中第一个在海南脱贫致富电视夜校节目中交流脱贫心得的人。谈到自己生活的大变化，他连连夸赞这位从县委政策研究室派驻下来的第一书记。

抓好党建，固本强基

符精塾坚持把抓班子带队伍作为驻村的首要任务，指导帮助村党支部争当先进基层党组织，认真开展"六星党支部"创建活动。坚持"四个意识"，认真组织召开学习党的十九大精神和省第七次党代会精神等一系列集中学习会，帮助村党支部班子加强思想政治建设和能力建设。注重搞好村"两委"的团结协作，严格执行民主集中制，对重要工作和重大事务召开会议研究讨论，统一思想，集中决策。认真落实村"两委"干部分工责任制和分片包干责任制。严格执行党章要求，进一步规范组织生活，认真落实"三会一课"制度。头星村"两委"班子成员主动担当和认真工作的意识明显增强，村党支部的领导核心作用加强，县委、镇委各项重要部署不折不扣贯彻落实。

对症下药，补齐短板

头星村农业基础设施落后是个老大难问题，在帮扶单位县委办积极争取和县

委、县政府支持下投入 2 175 万元对头星进行高标准洋田整治，符精堃积极协调有关单位的项目审批流程，并挨家挨户做通洋田涉及农户的思想工作，组织发动群众力量协助项目施工，确保该"造血式"项目尽早落地、早日竣工，以改善农业生产条件，带动农户自主发展产业。村集体经济收入的空缺一直困扰着头星村的干部，在县委、县政府决定下拨 100 万元作为贫困村集体经济发展资金后，符精堃充分利用在县委政策研究室工作的资源优势，对县内的产业开展调研、制作方案，认真研究该笔资金如何使用能够有效弥补头星村集体经济收入空缺，最后经与镇委、镇政府研究讨论，决定将该笔资金投入海南兴国实业有限责任公司进行合作发展，今年已有收入 3 万元，预计年底还会有 7 万元分红，并且之后 14 年内每年均能有 10 万元的集体经济收入，极大程度上解决了头星村内很多日常问题，得到村党员干部的一致肯定。

发展产业，强村富民

符精堃始终把产业扶贫作为脱贫攻坚的重中之重，他立足实际，充分尊重贫困群众意愿，协调村"两委"及帮扶责任人积极引导贫困群众用好产业扶贫资金，大力发展特色产业。他驻村的这几年，联合村"两委"干部，充分利用小额贷款政策，发动 109 户贫困户办理贷款 229.1 万元，进一步扩大了生产发展。引导没有发展生产能力的 18 户贫困户和 12 户低保户将 49.96 万元产业扶持资金入股天地人公司合作发展，定期分红，确保其稳定增收。目前，他正带领驻村工作队采取"帮扶责任人＋村干部＋贫困户"模式推动 40 亩百香果种植基地的建设，以"企业＋合作社＋贫困户"模式推进 30 亩美台黑猪养殖项目，发动贫困户整合近 50 亩土地退桉改种高效益作物槟榔，引领贫困户产业发展致富永续脱贫。

"2017 年，罗文村贫困户林政杰和王命龙跟我说，想租块基地联合种植，我太高兴了！就鼓励他们好好做，同时告诉他们，有小额信贷优惠政策，要积极申请，解决资金短缺的问题。"符精埕说。在贷款过程中，符精埕大热天来回奔波，帮助他们咨询及递交相关材料，最终帮助他们成功贷款 4 万元，加上向亲友借的钱，他们终于拥有了属于自己的种植基地。"我们在种植过程中也遇到过病虫害的问题，都是符书记带着县技术专家到基地帮忙研究解决的。"林政杰说，现在家里通过危房改造，还住上了干净整洁的新房子，这一切都非常感谢第一书记符精埕对他们的宣传教育和帮扶。

主要成效

抓党建工作方面

作为第一书记，他紧紧围绕"四个意识"，结合"两学一做"学习教育常态化，教育引导村"两委"干部和全体党员不断增强大局意识、树牢规矩意识、强化宗旨意识。他认真按照"六星党支部"的创建标准，严格落实"三会一课"制度，认真履行"四议两公开"制度。在各项工作中，他始终坚持以身作则，带头维护班子团结，带头执行工作纪律，带头抓好工作落实，带头推进党务、村务、财务三公开，带头接受群众监督评议。在他的带动下，头星村党支部的精神面貌焕然一新，村"两委"班子开展工作的信心和凝聚力不断增强，党员群众的信任度和拥护度有了很大的提升，党支部的战斗堡垒作用、党员的先锋模范带头作用进一步发挥，普通党员干部群众参与村务民主管理和村级集体事业发展的热情空前高涨。

抓脱贫攻坚方面

符精埕坚持把扶志、扶智贯穿于脱贫攻坚工作的全过程，不断增强贫困群众内生动力。充分利用脱贫致富电视夜校、技能培训等平台，积极组织贫困群众参加每一期电视夜校。2017 年，头星村脱贫致富电视夜校教学点荣获"全省脱贫致富电视夜校优秀教学点"称号。举办各类技能培训 6 场次，受训人数 350 余人次，有效提高了贫困人口劳动技能。组织 1 场就业扶贫专场招聘会，现场达成劳动意向 43 人，其中建档立卡贫困户 25 人；报名参加农村技能培训 200 人。2016年头星村委会顺利完成 258 户 1 165 人脱贫退出，贫困发生率降至 1.21%，实现贫困村脱贫出列，是全县第一个脱贫出列的整村推进贫困村。2017 年脱贫 5 户25 人，目前未脱贫 6 户 18 人（其中 2018 年通过"漏评""错退"大排查新增贫困户 5 户 13 人）。2017 年农民人均纯收入 4 842 元，同比增长 33.2%。

抓民生建设方面

经符精堃和村"两委"班子的不懈努力，头星村委会近年来发生了翻天覆地的变化：投入 385 万元，硬化村道 7.7 千米，实现村内 7 个自然村主要道路全部硬化。投资 200 万元建设龙茶村污水处理项目，投资 84 万元建成灌溉机井 2 座，全面改善和提升了生产生活条件。有比较完善的公共服务和基础设施，建成 1 个饮用水井、1 个村卫生室、2 个村文化室、1 所幼儿园、1 个电商服务站、2 个村民休闲小场所、1 个球场、2 个戏台、7 个自然村村牌和路灯安装修复，农户全部用上安全饮用水。如今预计投入 2 000 多万元的头星村湿地公园项目正处于设计阶段，在日后将会为蓄势待发的头星村再添亮丽风景线。

思考与启示

提高驻村第一书记的全面素质和综合能力是驻村的关键。基层工作涉及面广、时限短、任务重，对驻村干部而言如何有效开展工作是个极大的挑战，作为帮扶单位选派驻村的排头兵，在传达贯彻落实上级党委、政府方针政策的同时，也需要具备随机谋断、决策指导的能力。因此，具备全面的素质条件和综合能力是第一书记做好驻村工作的前提条件。

一是要坚定信念，勇于担当。扶贫工作责任重大，不要被压力击垮选择逃避，也不要让压力影响到自身判断。驻村帮扶不是日常岗位上的本职工作，也不是通常意义上下基层锻炼的浅层次任务，而是非常时期中的特殊任务，是一场一定要打赢的战争，因此驻村干部必须要勇敢担起扶贫的重担，以不惜一切的精神态度去打赢这场硬仗。

二是要融洽党群干群关系。在日常生活中，要能够扑下身子，走家串户，以亲切的态度与村民唠家常、处关系。遇到部分村民有目的性的吵闹、纠缠是时有的事情，要求驻村干部必须要具备过硬的心理素质，要沉得住气，能够针对不同的人群以不同的方式进行解释教育。

三是要汇聚基层组织力量。面对错综复杂的农村工作环境，个人的能力终究有限，驻村第一书记要能够善于发挥"领头雁"作用，强化四个意识，充分利用"两学一做"学习教育常态化，抓好班子建设，带出一支强有力的队伍。

四是要充分发挥资源优势。第一书记拥有帮扶单位作为后盾给予支持，必须要懂得统筹利用好各方面资源。针对所驻村的实际情况，结合本单位工作性质，在政策、资金、物资、技术等多方面开展贫困帮扶。

·定安县·

访贫问苦体民情　发展养殖精扶贫

——定安县富文镇大里村驻村第一书记汪伟平

人 物 名 片

　　汪伟平，中共党员，海南省人力资源和社会保障厅行政审批办副主任，2016 年 10 月被派驻富文镇大里村委会任第一书记。2005 年 1 月从部队转业到地方工作以来多次受到上级表彰，2006 年被劳动和社会保障部办公厅评为"宣传工作先进个人"；2006 年、2007 年连续 2 年被中共海南省委办公厅评为"全省党委系统信息宣传工作优秀个人"；2008 年至 2010 年连续 3 年考核评定为优秀并荣立三等功 1 次；2011 年至 2013 年度和 2013 年至 2015 年度 2 次被厅机关委员会评为"优秀共产党员"。

村庄情况

定安县富文镇大里村位于定安县南部，北距定安县城 18 千米，距离富文镇墟 2 千米，下辖 7 个自然村 11 个村民小组，590 户农户共 1 973 人。大里村 2016 年被列为整村推进的省级贫困村，共有建档立卡贫困户 85 户，共 340 人。辖区内有水田面积 1 221 亩，旱地面积 480 亩，坡地面积 8 079 亩。全村主要经济作物是橡胶和槟榔，其中橡胶种植面积达 4 500 亩，槟榔种植面积达 1 100 亩。

主要做法

加强基层党组织建设，确保扶贫工作稳定推进

一是开展经常性教育和培训。落实"三会一课"制度，通过开展"两学一做"常态化教育活动和业务培训，严密组织收看脱贫致富电视夜校和"两学一做"电视夜校，提高村党组织发挥政治功能和带领群众发家致富能力，较好发挥了党支部的战斗堡垒作用。省委组织部副部长，省人力资源和社会保障厅党组书记、厅长何琳到大里村宣讲党的十九大精神，组织全村党员干部 63 人参加学习。利用"七一"、重阳节、春节、军坡节等党员比较集中的时机开展党日活动，召开党员学习会，上党课 4 次；组织村"两委"干部到琼中县湾岭镇和定安县龙湖镇学习考察美丽乡村建设和特色产业发展经验，6 次带领村干部到龙湖镇南

科食用菌基地学习蘑菇栽培技术。二是落实民主会议制度。涉及广大村民特别是贫困户切身利益、发展村集体产业等重要事项都经过 "两委" 干部会议和村民代表大会讨论决定。在贫困户评选和退出工作中，严格按照工作流程进行 "两公示一公告一比对"，确保贫困户的精准识别，做到 "不错一户、不落一人"。三是加强党员队伍建设，发挥党员先锋模范作用。走访慰问党员，举办全村党员干部春节茶话会，征求党员干部对村党支部党建、产业发展、扶贫工作等的建议。春节前后和 "七一"、国庆节、重阳节期间慰问贫困党员和老党员 36 人次。"七一" 期间，组织全村 35 名党员到琼中白沙起义纪念园重温入党誓词，弘扬白沙起义革命精神，开展党员先进性教育。

加强精准识别工作，确保帮扶工作的精准推进

精准识别是精准扶贫工作的基础。汪伟平驻村后，按照省委提出要用 "绣花" 功夫实施精准扶贫，确保 "不错一户、不落一人" 的要求，紧紧抓住精准识别第一关，与村干部走访每户贫困户及村民，进行逐户核查，确保贫困户识别工作严格按照工作流程进行，做到入选贫困户都经过村民代表民主评议和 "两公示一公告"。在严格执行退出标准的同时，充分考虑无房（危房）、重病、残疾、因病返贫、因灾或因学致贫、无劳动能力等困难家庭实际情况，按照村组干部会初选，第一书记和镇村干部走访，党员群众代表大会评议，拟定贫困户名单公示等程序进行，对拟定 "进出" 的贫困户名单在村部显眼位置进行长期公示，并公布县扶贫办监督举报电话，接受群众监督。同时，汪伟平制作了个人名片，每到一户都递上一张名片，方便群众联系。由于工作细致缜密，没有出现 "假贫困户""漏贫困户" 的现象。

大力发展扶贫产业，确保扶贫工作稳步推进

产业扶贫是精准扶贫的重中之重。汪伟平驻村后发现，大里村没有集体产业经济，是个 "空壳村"。他意识到，只有发展产业，才能实现带动全村贫困群众脱贫致富。一是成立 3 个养殖合作社带动贫困户脱贫。充分发挥村干部带头作用，动员村里养殖能人，积极向省人社厅申请资助 28.5 万元，先后成立了养猪、养羊、养牛的 3 个合作社，纳入贫困户 108 户，全村建档立卡贫困户全部参与合

作社，还带动了邻村贫困户参加合作社，带动 91 户贫困户脱贫。在 3 个合作社建设中，帮助建设羊舍放风庭、草料间，购买草料加工机器，购买猪种苗和饲料等；协调南方电网资助 5.9 万元解决养羊合作社工业用电问题。二是发展集体经济，摘掉"空壳村"帽子。为解决"空壳村"问题，积极向省人社厅党组汇报发展产业扶贫思路，得到省人社厅党组的高度重视，先后两次召开专题会议研究产业扶贫工作。何琳厅长等厅领导带领有关处室负责人和 2 个扶贫点的驻村第一书记多次到定安、临高调研产业扶贫工作，指导大里村选项目、筹资金、协调企业帮扶。

巩固脱贫攻坚成效与建设美丽乡村统筹推进

大里村 2016 年整村推进脱贫出列后，汪伟平与村干部一班人把巩固脱贫成效、提高脱贫质量摆在重要位置，认真贯彻省委关于脱贫攻坚和美丽乡村建设统筹推进的要求，在上级有关部门的关心支持下，协调解决项目和资金问题，大力完善基础设施。一是开展村庄环境卫生综合整治。联系海南泰达科技环保有限公司对相对集中的大榜、居廉、大里 3 个自然村片区进行环境综合整治规划，编制实施方案，协调省、县环保部门申请污水治理项目资金 185.5 万元，其中省级 60 万元，已纳入定安县污水治理整体规划项目。帮助筹资 2.6 万元，治理村中主要道路，污水（省人社厅出资 1.6 万元）。二是硬化村中道路，改善生产生活条件。2016 年完成了环村路 8.5 千米，"村村通"道路 15 千米。2017 年，汪伟平带着村党支部书记叶学坚积极向交通运输部门申报修建村中"断头路"4 条共 1 800 米，纳入全县"村村通"计划中，已动工在建 340 米；动员村民拆除旧房屋和废弃猪圈 31 间，筹资 3 万元（省人社厅出资 1.4 万元）修建 400 米"村村通"路基；积极向县扶贫办申报修建望楼岭村环村路 870 米，硬化村民休

闲场地60平方米，修建生产路2400米。三是向省人社厅申请5万元修建望楼岭村、桐沟村2个自然村的饮用水水井，解决了187户村民400多人的卫生饮水问题；向2位定安县领导申请民生工作经费共7万元，整治污水池塘、修建公厕。四是协调县水务局，修建一条长1830米的灌溉水渠，49户农户约200亩耕地受益。五是实施"光网入村，信息惠民"工程，协调定安县电信公司牵入光纤5千米，完成了全村覆盖，已有75户村民光纤入户，其中贫困户30户。

注重精神扶贫，共同推进扶志与扶智

汪伟平发现，虽然经过政府强有力的政策帮扶，但少数贫困户的思想观念一时还难以转变，"等靠要"思想还在一定程度上存在。为了解决这个问题，汪伟平多措并举。一是做好宣传工作。利用省脱贫致富电视夜校宣传工作，每次观看电视夜校后，组织贫困户参与讨论，或进行知识竞答，让大家多了解政府的扶贫政策和帮扶措施。向派驻单位省人社厅申请1.6万元制作7块宣传栏放置各村路口，宣传扶贫政策。在第4个"扶贫日"活动期间，与省人社厅机关党员干部进村入户，开展慰问活动，宣传扶贫政策；在几次党员大会上，汪伟平向党员干部传达省委、省政府的扶贫政策，坚决克服"保姆式扶贫"做法，并要求党员干部对自己所在自然村的贫困户包户做工作，特别是对于懒贫困户，引导其勤劳致富。二是有针对性做帮扶工作。俗话说："人穷志短、马瘦毛长。"对于少数因残、因病致贫的贫困户来说，他们的心理脆弱。为此汪伟平在落实各项脱贫措施时十分注重对这类贫困户的心理疏导，采取精神扶贫。大里上村的贫困户叶学仲67岁，患有严重的颈椎病，妻子左手伤残，无法从事重体力活，身边无子女，夫妻俩相依为命，家里10多平方米的住房也是"东边看日头，西边看月亮，遇上雨天无处藏"。叶学仲夫妇透露出深深的自卑。汪伟平同驻村工作队一起，经常到叶学仲家了解病情，讲解目前的医疗扶贫政策，协调医疗报销问题，同时帮助叶学仲家落实了危房改造项目资金，并动员亲戚帮助，建起了新房。像叶学仲一样因病贫困的还有大里中村的王运强（妻子患精神病）、桐沟村的肖发妹（肢体病残，行动不便）等5户。三是做利长远打根基的工作。为了解决因学致贫，防止因学返贫，彻底拔掉"穷根"，2017年3月，汪伟平与村委会干部牵头筹备成立大里村教育基金会，协调海南省衡阳商会等社会组织捐助4万元，村民踊跃

捐款,共筹集捐款17万多元。8月19日,教育基金会举办了奖学助学活动,共发放奖学金3.8万元。此外,2017年6月,协调省文体厅和南海出版公司向富文镇中心小学捐赠书籍309册;7月,协调海南师范大学马克思主义学院派出36名师生,到富文镇中心小学开展为期10天的暑假支教活动,180名小学生参加了辅导学习;积极落实省人社厅实施的技能脱贫"筑梦"行动,帮助大里村4名学生(其中2名贫困户学生)到省技师学院报读"筑梦"班。四是丰富村民精神生活。为了活跃村民文体活动氛围,丰富村民文化生活,协调文体部门修建了1个篮球场、1个戏台、1个文化室,邀请定安县琼剧团送戏下乡;重阳节开展敬老孝老活动,组织60岁以上老人聚餐、进行慰问、观看琼剧;国庆期间联系海口市龙华小学、九小师生60多人到大里开展拔河、挖芋头、摘蘑菇比赛等联谊活动,丰富了村民的精神生活,也凝聚了民心。

主要成效

发展产业初见成效

寻找产业带动脱贫措施,取得了阶段性成效。2017年7月,由汪伟平牵头,省人社厅资助8万元,富文镇政府出资4万元,共协调筹集资金22万元,帮助大里村建设一个面积约1 500平方米的蘑菇基地,采取"村委会+合作社+贫困户"的模式发展村集体经济产业。8月28日已正式投入生产,第一批第一造放置菇包2万个,产秀珍菇7 000多千克,净收益2万多元。11月,根据蘑菇产业发展情况,争取省人社厅再资助9.5万元、富文镇政府再投资15万元,将产业规模扩大到每批放置10万个菇包,预计年产菇约15万千克,年净收益约为30万元,其中村集体经济可收入20万元,并带动村民(含贫困户)30

人在蘑菇基地打工。目前有 3 名贫困村民在本村蘑菇基地打工。

精准扶贫成绩突出

汪伟平任第一书记正赶上全省扶贫工作攻坚期，他按照"贴实际、使真劲、出实招、见成效"的工作思路，强化精准发力，帮扶工作取得了较好成效。2016年有 74 户 303 人脱贫，完成了整村推进脱贫攻坚任务，实现了全村整体出列的目标。2017 年脱贫 9 户，动态调整新增 1 户 3 人，目前 2 户 5 人。2017 年完成贫困户危房改造 18 户，累计完成贫困户危房改造 82 户，符合条件的建档立卡贫困户危房改造全部完成。对因病残致贫贫困户和五保户、低保户经常慰问关心其生活状况，帮助解决困难，落实保障待遇，协调解决 5 名贫困人员大病医疗报销。

思考与启示

一是注重发挥农村党支部战斗堡垒作用和模范带头作用。加强教育培训，提高村党组织发挥政治功能和带领群众发家致富能力。

二是破解"空壳村"难题，并为村民带来产业希望。要充分发挥党建引领作用，带动村民发展产业，才能实现贫困群众脱贫致富。要多条腿走路发展村经济，要改变村里单一的产业结构，不仅发展种植业，还要发展养殖业，同时，鼓励贫困户就近就业或者外出就业。

三是要想从根本上致富，最终仍是靠知识和教育。对于下一代人，要扶智，就得靠教育。

书生扶贫有成效　教育托起新希望

——屯昌县南吕镇郭石村驻村第一书记王益友

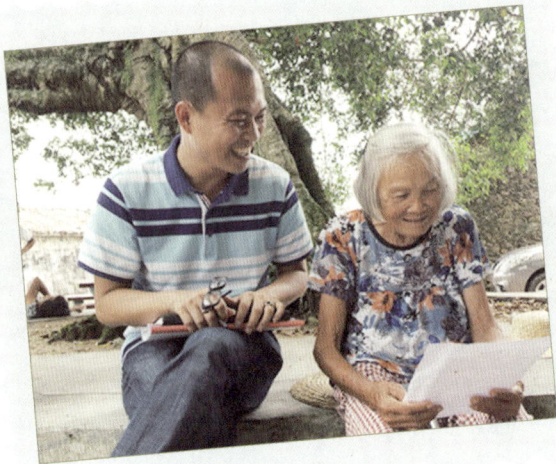

人物名片

　　王益友，汉族，1976年生，中共党员，硕士研究生学历，海南出版社有限公司基础教育分社编辑。2016年9月，被派驻南吕镇郭石村任第一书记。扶贫先扶智，每周二到周四晚上，他便在村委会办公室里为村里的孩子们开设"小课堂"。

村庄情况

屯昌县南吕镇郭石村辖区共 2 585 亩，其中耕地面积 2 435 亩（水田 785 亩、坡地 650 亩、林地 1 000 亩），有 3 个自然村，4 个村民小组，总人口 238 户 1 220 人。劳动力 742 人，外出务工 330 人，贫困户 45 户 186 人。该村主要经济收入来源为种植槟榔、橡胶等，主要养殖猪、牛、鸡、鸭等。

主要做法

情系群众，摸村情问民需

"这里原来是个卫生死角，王书记为我们修建了文化广场，足有一两亩。垃圾不见了，村民们都在上面摆酒席了。"年逾九旬的张玉连阿婆说，"如果不是王书记，那这个地方还不知道什么时候才改变。"

到郭石村后，王益友与镇驻村干部和村干部组成调研工作组，工作组成员一户户走访，一户户调研，了解各自然村的种植养殖情况，到农民耕作地和水田去实地察看，到村周边了解地理环境、水利及基础设施情况。通过调研知道该村基础设施建设差，很多村民反映没有活动场所，他主动与派出单位海南出版社联系，从海南出版社争取 20 多万元资金，为郭石村自然村大长坡村和下村建设文化休闲广场，提供一套健身器材；在下村建设停车场，并重新修复了郭石村里主干道上的路灯，清理掉挡道的电线杆。这样一来，不但美化环境，还为村民提供休闲健身场所，丰富村民文化生活。平时开展卫生整治工作时，他与村民们亲切交谈，了解他们的思想，对一些懒散的村民，会到家中帮忙整理，让他们明白好的卫生环境的重要性，使其主动参与到卫生整治行动中，通过共同努力，村里环境卫生有所改善。

办起"小课堂"，扶贫与扶智相结合

刚驻村不久的一天晚上，王益友在拜访农户回住所的路上，碰到了一群大都是10岁大的小孩准备打架，他感到吃惊和痛心。王益友意识到，贫困地区要想脱贫致富，就要从根本上抓好教育，放学后的孩子们绝不能像放羊那样不管，开办晚间"小课堂"的想法由此而生。

11月，第一书记的"小课堂"开起来了，晚上7：30—9：30，村委会办公室总是灯火通明。"小课堂"开班时间是每周二、周三和周四晚上。"他还给我们学校带来了好多好看的书，还请来了我们喜欢的王琴玉老师，谢谢王书记。"郭石小学五年级的郑元进同学在日记中这样写道。王益友积极与海南出版社及特级教师王琴玉老师沟通，由他们向郭石小学每个班募捐200余册书籍。海南出版社还多次组织大型读书活动，像世界读书日在大榕树下的阅读活动"'点燃阅读星火，共建书香海南'之走进郭石村"，孩子们就像过节一样欢欣，林书旭说这是他有生以来上过的最好的一堂课。王琴玉就曾受邀4次到村中给孩子们授课，另外还有其他老师和作家。

为了丰富孩子们的生活，激发他们的学习热情，王益友也想了很多招。他甚至成立了"虫蛙合唱队"，课后教孩子们唱歌，孩子们也教他唱歌。他还向单位申请采购了足球、篮球、排球、羽毛球拍、乒乓球拍等体育用品，大大丰富了村民和孩子们的文体活动。

"孩子们喜欢读海伦·凯勒的《假如借我三天光明》、曹文轩的《草房子》，以及《上下五千年》《世界百科全书》等图书。"王益友说，孩子们还很喜欢阅读后分享，让他印象最深的一次是谈到理想，郑楚榆说要好好学习，上清华北大；郑元进说要当宇航员；郑沌说想当一名建筑设计师。

听到这些，他特别欣慰。通过"小课堂"，通过阅读，孩子们心中有了梦想的种子。

在引导孩子成长的同时，王益友也做家长的引导工作，建设良好家风，告诉他们要勤劳致富、要孝顺父母、要睦邻友好、要给小孩树立好榜样。通过这些工作，村民的精神面貌也在发生着改变，孩子们的阅读能力、自律能力和表达能力也在慢慢加强。

以身作则，党建出成效

郭石村有 36 名党员，其中近一半在外打工，属于流动党员，管理是难题。作为第一书记，王益友为此是动了脑筋下了功夫的。他创建郭石村党政微信平台，问题迎刃而解。郭石村党政微信平台通过定期推送开展活动的通知、学习资料、党支部开展活动的视频及照片等，让党员及时了解党支部活动情况，指导党员开展自学，增强党员的归属感。平台上也有村委会工作安排，还有村里的大事小情，党员们可以在平台上进行交流。如今，郭石村"两委"干部例会已经常态化，党课也能定期举行，许久未开展的党日活动也开展起来了，有效激励党员树立崇高理想和坚定信念，激发党员干事创业、创先争优的热情。

王益友还经常组织村干部去看望困难老党员、老干部、老退伍军人，过年过节时会去慰问他们，帮助他们做些力所能及的事。2017 年底，年过七旬的老退伍军人郑昌林说："感谢党和政府，感谢第一书记还记得我这个老头子，感谢祖国还记得我，我的梦终于圆了，今晚我会睡得很香。"

关心困难群众，开展脱贫攻坚工作

王益友走村入户了解各家各户情况，了解他们的困难，积极帮助他们解决问题。他为村里瘫痪的林志兰、卢业进、郑圣树申请了轮椅，为听障青年陈家核申请了助听器，切实给这些残疾人的生活带来了极大的帮助。他请来名医为村里的重症患者就诊，并跑到县城为他们抓药；开车运送意外摔伤的残疾人钟兰梅到县里医治；到医院看望贫困户病人郑某菊，并送上慰问金，把他们当成自己的亲人来看待。他还特别关心一些特殊的家庭，如黄某花一家，丈夫和儿子都在服刑，她独自照顾两个孙子，生活相当困难，王益友在上门了解情况时掏出身上仅有的1 000块钱送给她，希望他们能过个好年，现在还经常到他们家，给两个小孙子进行心理疏导；五年级学生林某慧，父亲及哥哥相继因病去世，王益友也给予了很大的帮助，并牵线助她得到了海南出版社员工一对一的教育帮扶。

王益友向社会募捐衣物送给村里的贫困户，使贫困村民也能温暖度过寒冬。他得到海南出版社的资金支持，为村中部分贫困户、残疾人、80岁以上老人发放大米、食油、毯子等物资2次。更可贵的是，他时常跟村中的独居老人亲密交谈，让他们感受到社会对他们的关爱，让他们有存在感和感受到人间的温暖，给他们传递信心和力量。"虽然都是很小的事，但是很暖人心，村里的老人小孩都认得他，现在在村里，他的威信比我高、号召力比我强。村民们都喜欢找王书记。"村党支部书记郑渊友说。

化解矛盾，促进社会和谐

经济社会的发展，必然引起诸多矛盾，王益友善于用发展的办法解决前进中的问题。一是密切干群关系，讲政策、促和谐。农村社会矛盾的产生大多数与农村对国家政策了解程度不够有关，为了做好村级稳定工作，只有把政策吃透，才能为致富提供依据，才能真正意义上做到"讲政策、了民情、解民忧、帮民富、促和谐"。一周至少下村2次以上，及时了解群众的生活、生产情况，有困难第一时间解决，有矛盾第一时间化解，切实为群众办实事，办好事。二是抓好"民心党建"工作，把群众当亲人。坚持与群众同吃、同住、同劳动，有效拉近了干群距离，实现干部群众接访面对面、开展工作面对面，大大减少了群众办事、反映问题的程序途径；将群众的家庭情况、住址记在脑中、埋在心里，做到底数清、情况明。

积极摸索，拓宽致富道路

产业这块虽不是王益友的长项，但他依然没有退缩，不仅一直支持香鸡和黑猪的养殖，还一直在寻求突破，一直在做试验。"我们这里的土壤蓄不住水，所以我想试种一下山兰，看是否适宜。"王益友说现在已试种了七八亩，他还想试种青萝卜，种子已经弄到，现在准备播种。他希望通过细致的市场调研及不断的实验，找到一条适合郭石村产业发展的道路，而不是盲目上马。"产业这东西不是开玩笑的，需要不少的资金，不能头脑一热跟风就去做了，村民们的抗风险能力是很弱的。要有足够的耐心，也要有责任心。"

他说服贫困户林书学提供 7 亩地，试种山兰，经过一年的种植，有一定的成效，一亩地能产 200 斤，今年将加大种植。同时，在原有的产业基础上，已种植近 200 亩益智，渐渐形成"橡胶 + 益智"的种植模式，带动林下经济发展。王益友了解到村里有郑家拳，有舞虎，有竹编，有众多古树名木，有池塘，有老宅，还有红色文化，这都是具有深厚文化底蕴的，可以结合村里实际情况，发展乡村休闲旅游。目前村里的武术培训班办起来了，郭石村文化传承中心也很快挂牌。通过多种模式发展扶贫产业，拓宽村民致富道路。

主要成效

自担任第一书记以来，王益友充分发挥新闻出版工作者的优势，克服苦，解决难，用实实在在的平凡行动赢得信任，带领村民打好脱贫攻坚战。王益友利用定点帮扶单位资源优势，采取文化教育精准帮扶方式，办读书课堂，引导孩子们学习阅读，让村民不出现跨代贫穷。在擅长的宣传创新上，党建深入人心靠宣传，凝聚攻坚力量靠宣传。王益友的郭石村党政微信平台，凝聚起了村里四面八方的力量。他与村民同吃同住，还走村入户摸情况，田间地头去交流，为残疾人申请轮椅和助听器、说服厌学少年重返校园……再平凡的举动，村民都会看在眼里，记在心上。

思考与启示

　　教育在脱贫攻坚中具有基础性、根本性的作用，是拔掉穷根、稳定脱贫的前提，扶贫先扶智，治贫先治愚，用教育为扶贫助力，才能更好打赢脱贫攻坚战。在做好教育扶贫的同时

加强党组织建设，通过抓党建促脱贫攻坚。一是强学习。第一书记需认真向实践学习，虚心向群众学习。通过调研，摸透任职村的基层组织建设、自然条件、产业结构和集体经济情况，弄清群众的所盼所想所忧，根据县里政策规定，制定本村的发展规划和工作计划，抓好推进落实，使自己成为政策通、业务精、素质强的第一书记。二是抓核心。第一书记要适应由机关骨干到基层党组织第一责任人、由被领导变为领导、由执行者变为决策者的角色转变，紧紧抓住切实提升农村党组织战斗力、凝聚力、向心力这个核心，采取多种方式引导党员干部学政策、学理论、学技术。提高村党组织及党员干部服务群众、服务发展能力；加强阵地建设，不断丰富党建活动载体，切实提升基层党组织的活力。三是解难题。第一书记要针对村实际情况，解决发展问题，加快产业发展，为农民增收开辟途径，不断增强村集体经济发展动力；解决民生问题，重点在保障农村贫困学生教育、强化医疗卫生、公共文化服务上下功夫，切实减轻低收入群体和困难群众的生活压力；解决稳定问题，引领村"两委"成员积极主动排查化解矛盾纠纷、清查梳理信访积案，变群众上访为干部下访，把苗头性信访问题和社会矛盾化解在萌芽状态。

·陵水县·

秉正笃行　恪职尽责
——陵水县英州镇田仔村驻村第一书记钟庚兑

人 物 名 片

　　钟庚兑，男，2016 年 10 月被任命为田仔村驻村第一书记。2017 年获得海南"最美第一书记"荣誉称号，2018 年荣获第二届"最美陵水人"十大人物提名奖。

村庄情况

　　田仔村位于陵水黎族自治县东南部沿海平原，依山傍水、民风淳朴、风景如画、气候宜人，全村基层组织建设有田仔村广播站、田仔村村委会、田仔村民兵连和田仔村党总支部，共有 7 个自然村，即田仔村、尖头村、母茂村、千秋村、赤太村、走所村和坡仔村，12 个村小组，常住人口 670 户 3 202 人，村庄居住面积约 850 亩，水田面积 1 092 亩，旱田面积 543 亩，芒果面积约 5 000 亩。田仔村经济以农业为主，村民主要收入来源为芒果、槟榔和冬季瓜菜种植等。全村建档立卡贫困户 241 户 1 056 人，2018 年未脱贫 37 户 186 人。

主要做法

结合本村实际，创新扶贫新路子

　　针对田仔村贫困户的实际情况，要彻底摆脱贫困，实现脱贫致富，提升自身产业发展水平是主要的现实措施。钟庚兑充分利用驻村扶贫工作队帮扶优势牵头聘请农业技术专家针对贫困户瓜菜种植进行定期技术指导，并租赁 20 亩排水灌溉条件良好田地作为冬季瓜菜种植教学培训示范基地，交由村委会选定的 5 户贫困户种植，帮助贫困户学习瓜菜种植高新技术，提升贫困种植户冬季瓜菜种植技术水平。驻村扶贫工作队又在村党总支部协助下牵头发放种子、肥料给 56 户贫困户，种植冬季瓜菜，共收入 83.3 户，每户增收 1.48 万元。为保证基地建设成效，他经常下基地了解种植情况，配合解决贫困户种植过程中遇到的问题，帮助其他贫困户从中学到瓜菜种植高产技术。

　　积极组织贫困户收看脱贫致富电视夜校，共开展夜校辅导和田间指导 108 人次，电话技术服务咨询 56 人次，真正起到了造血作用。通过夜校学习、交流，邀请致富带头人、信用社工作人员讲解贷款政策，农业技术专家技术扶贫，等等，彻底转变贫困户"等靠要"思想观念，增强贫困户自我发展、脱贫致富内生动力，使贫困户从被动脱贫向主动脱贫转变。积极开展劳务派遣扶贫，利用公共事业管理岗位安排贫困户上岗就业脱贫。探索"党支部＋合作社＋贫困户＋村民"模式，重点培养农村集体经济组织和党员致富带头人。成立陵水县鑫田休闲农业农民专业合作社，业务范围涉及果蔬种植、采购、运销、贮藏、加工、包装等系列农产品产销服务，并聘请村民参与种植、包装、运输劳务劳动。此外，鼓励贫困群众利用"惠农公司＋贫困户"方式，以股民身份参与入股，入股金额合计67万元，努力为贫困户实现增收创收。

2017年，组织贫困户参加海南润达农业开发有限公司举办的为期7天的新型职业农民培训班，参加培训人员达336人次，极大地提高了田仔村贫困户科学种养技能和经营水平。积极带动党员干部和群众学习观摩，2017年4月27日组织村"两委"班子成员、田仔村委会母茂村小组共81位村民到琼海市龙寿洋万亩田野公园、海南博鳌乐城国际医疗旅游先行区、琼海嘉积北仍村进行参观学习。学习龙寿洋的创业模式，学习博鳌乐城的医疗旅游先行区，学习北仍村的村民环境保护意识，增强自身环境保护意识，助力陵水"双创"，建设美丽乡村。2017年5月17日积极组织田仔村委会干部、村组长、贫困户到英州镇五合村委会和三才镇牛堆村花石洋田间地头观摩学习黄秋葵种植技术。

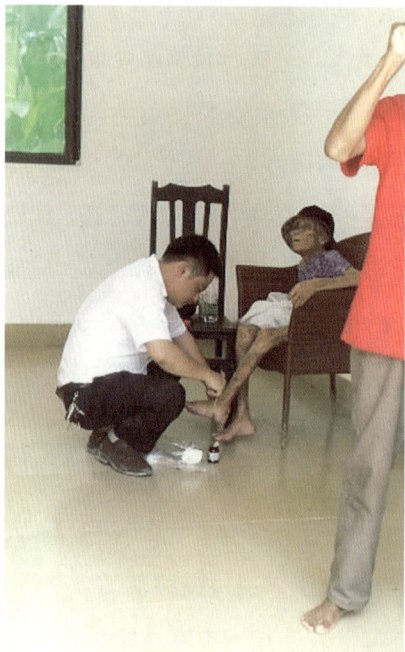

帮民生，为民办事服务

脱贫攻坚工作增进了干部和群众之间的血肉联系，增加了贫困群众脱贫奔小康的信心，看着所帮扶的对象家庭生活好转，钟庚兑心里非常高兴，精准帮扶是落实党中央脱贫攻坚的生动实战，面对贫困，要迎难而上，真心帮扶，与贫困户一道共同决战决胜脱贫。

田仔村委会走所村小组建档立卡贫困户

林亚文 86 岁高龄，行走不便，儿子石雄体弱未婚，母子基本无劳动能力，不能从事重体力劳动，家庭收入低，靠亲戚帮助和兜底维持生活。钟庚兑入户了解情况后，力所能及帮助她解决实际困难，通过村民表决为她家办理了低保，免费缴纳新农合，帮助她家危房改造，等等。真心付出也得到回报，林亚文母子一直把他当作家庭的主心骨，有困难都找他。2018 年下半年，林亚文摔伤不能行走，钟庚兑经常到家里帮助她搽药和喂饭。作为第一书记又是一名帮扶责任人，他真切地感受到了扶贫工作为贫困户群众带来的实惠和温暖。

2016 年 10 月 17 日，驻村第二天便赶上"莎莉嘉"台风，为确保群众生命安全，他挨家挨户走访动员，了解情况。特别是残疾老人黄召云硬是不肯离开自己的老瓦房，他心里非常着急，经过多次沟通和协调，最后把他安全转移；在田仔中心小学设置救灾安置点，转移危房、低洼易涝地区群众 293 人，确保了台风中无一人伤亡。灾后他又马不停蹄地开展房屋和经济损失统计工作，积极让相关帮扶工作尽快落地。看着群众在自然灾害中得以保全，相关困难得以有效救助，多日来的辛苦奔走感觉都是值得的。

2017 年 5 月 15 日，雷电暴雨突袭田仔村委会 7 个自然村，村干部在巡查过程中，接到群众告知，在尖头村一处果园里，有 4 户家庭 11 名村民被暴雨积水围困，没能及时安全撤退。村党总支部第一时间向英州镇委、镇政府报告情况，协同配合县消防总队、镇联防队员、驻村干部等展开联合紧急救援，经过 3 个小时的协同作战，11 名被困村民被全部安全救出，并进行转移和妥善安置，得到群众称赞。在安抚好群众情绪后，钟庚兑又带领村"两委"干部继续投入其他救援和安置工作中。截至 16 日凌晨 2 点左右，全部被救村民均已安全转移并得到妥善安置。由于安排部署得当，未造成人员伤亡事故。

帮稳定，提升治理水平

深入群众，走访排查，在服务群众、反映群众诉求、化解社会矛盾中发挥了积极作用，有效维护了驻点村和谐稳定。在走所村整村推进过程中，钟庚兑经常和驻村扶贫工作队成员及村"两委"干部成员一道，深入现场解决村民建房过程中的土地纠纷问题，及时了解贫困户的危房改造进度、施工安全质量，保证整村推进工作顺利、有序开展，以确保村民尽快入住新房。同时，在村民的家庭纠纷中，主动和村"两委"干部深入村民家庭，做好调解工作，促进农村稳定和谐发展。

他与当地政府人员、驻村扶贫工作队及田仔村"两委"干部一道，共同督促、指导和监管田仔村基础设施建设项目，包括村委会的办公场地建设附属工程，田仔村硬化道路修建工程，走所村整村推进中心村建设工程，村委会建设跨路大门，打造走所、母茂自然村农村环境综合整治建设工程，筹备建设田仔村新村、老村及辖区内的田仔中学环境综合整治项目，帮助田仔村委会完善村民活动场地围墙及党建文化上墙项目建设，等等。全面夯实田仔村基础建设根基，并在此基础上全面推进饮用水和文化设施等建设项目，特别是今年田仔村确定为美丽乡村建设，大幅提升了村民的生活环境，为提升生活品质奠定了基础。

主要成效

一是加强基层党组织建设，发挥村党支部战斗堡垒作用。在日常扶贫工作中，钟庚兑积极协助并参与村务管理和村党支部党建事务，出谋献策并编写了英州镇田仔村委会发展规划和年度工作计划。通过开展"三会一课""两学一做"，学习十九大报告精神，积极组织开展"争当优秀第一书记，争创先进基层党组织"活动，帮助田仔村基层党组织增添活力、提升凝聚力，营造党员干部和基层党组织争当优秀、争创先进的氛围。他着重从规范党内生活工作制度着手，加强班子凝聚力，提升班子战斗力。一方面，与"两委"班子成员逐个谈话，了解症结，并通过努力沟通，化解"两委"班子成员中存在的矛盾。另一方面，按期召开党员大会集中学习，帮助党员干部进一步提高宗旨和责任意识；讨论制定《会议记录管理制度》《值班制度》及《党务、村务及财务公开管理制度》，健全"三会一课""四议两公开"等制度；开展党员"两学一做"活动。经过努力，村"两委"班子工作作风明显转变，村干部为民办实事的意识不断增强，村里事务日趋公开、公平、公正。2016年下半年在英州镇考核评定中，田仔村"两委"干部成员被评为优秀班子，2017年田仔村被评为"无毒村"、被授予"海南省脱贫致富电视夜校先进教学班（组）"荣誉称号，实现党建工作目标。

二是做好入户调查。通过"入户调查与走访群众相结合、实地查看与审核资料相结合"的办法，对贫困户241户1 056人再调查，对原有掌握信息再核查，进一步掌握241户贫困户人口构成、劳力状况、收支情况、致贫原因，特别是自我发展愿望等信息。通过走访，一方面明确了各党支部今后扶贫工作的主体责任意识；另一方面，为因户施策、一户一策、精准定策掌握基础信息，确保扶贫成效和目标实现。

思考与启示

一是加强扶贫政策宣传。要抓好国家和省及自治县有关扶贫政策的学习，使广大党员干部准确把握扶贫工作要求，进一步增强对扶贫工作重要性和紧迫性的认识。加大扶贫政策宣传力度，进一步强化贫困户自主脱贫的信心和主动性。

二是深化产业扶贫工作。在继续抓好冬季瓜果蔬菜种植基础上，结合当地产业实际，开展品牌建立和品牌经营。开发花卉产业，建设蘑菇基地、圣女果教育示范基地及发展芒果采摘季暨乡村游活动等，积极推进田仔鑫田合作社集体经济组织创建，继而加快瓜果蔬菜等独特地理产业品牌创建，达到造血功能。

三是加强就业扶贫工作。大力动员贫困户参加就业招聘会，增加家庭稳定经济收入，达到一人就业，全家脱贫。

四是加快教育扶贫步伐。加快基金会建立组织发动工作，不断推进教育扶贫机制健全完善，确保田仔村优秀师生奖励、特困家庭教育救助工作得到落实和持续发展。

五是推进项目建设，加快打造美丽乡村。按计划完成走所、母茂以及田仔新村、老村和田仔中学环境综合整治、危房改造等。结合美丽乡村建设规划要求，大力推进田仔美丽乡村建设进程，力求做出精品，创出特色，为田仔今后乡村旅游业发展夯实基础。

六是保障村民饮水安全。针对田仔村民普遍屋边打井取水饮用现状，开展饮用水水质监测和饮水安全调查，提出饮用水改造项目方案，彻底解决村民饮水安全问题。

真心实意为村民　沉下心来促脱贫

——昌江县七叉镇重合村驻村第一书记邢李斌

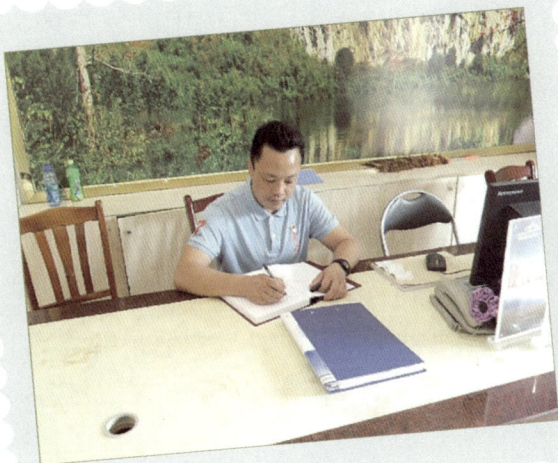

人物名片

　　邢李斌，黎族，中共党员，大专学历，昌江县司法局法制宣传股主办科员。2016年10月被选派到七叉镇重合村担任驻村第一书记、驻村工作队队长。

　　驻村工作两年来，邢李斌吃住在村，坚守在扶贫攻坚战线最前沿，完成组织交代的一个又一个任务，着力解决村民的实际困难，得到了广大村民的认可，努力带领重合村走向脱贫摘帽的致富路。

村庄情况

重合村位于七叉镇中部，系镇政府驻地，"十三五"建档立卡贫困村，下辖 6 个村民小组 244 户，总人口 1 029 人，其中黎族人口 1 019 人，占总人口的 99.03%。有林地 100 亩，耕地 2 320.6 亩（水旱田），坡地 1 690.6 亩，人均耕地面积 2.26 亩。村民以橡胶、甘蔗、水稻等生产经营性收入为主，2017 年人均纯收入 8 807 元。全村有 7 个专业合作社，带动贫困户 23 户 99 人，派驻扶贫工作队 1 个，驻村第一书记 1 人，驻村扶贫干部 3 人，结对帮扶单位 8 个，结对帮扶责任人 36 人。

全村建档立卡贫困户 76 户 329 人，有劳动能力贫困人口 189 人。其中因病致贫 11 户 13 人，占贫困人口数 4%；因学致贫 3 户 3 人，占贫困人口数 1%；其他原因致贫 62 户 313 人，占贫困人口数 95%。特困户分散供养人员 5 人；残疾人员 50 人；低保户 41 户 89 人，其中纳入建档立卡低保户 16 户 62 人，兜底保障 15 户 60 人；危房改造 5 户。已脱贫 68 户 301 人，未脱贫 8 户 28 人。

主要做法

2016 年 10 月的一天，当邢李斌得知被组织选派到七叉镇重合村任驻村第一书记，将驻村开展党建帮扶工作两年时，脑子其实是一片空白的。驻村工作要做些什么，如何开展，要怎么做才能得到群众的认可？他心中充满无数困惑。

2011 年刚加入公务员队伍时，邢李斌曾短暂地在七叉镇工作过。由于重合村与周边村庄刚发生过严重的群体性案件，印象中重合村治安状况不好，民风彪悍，与外人不太好相处，这样的一个村庄，"去了，能做好工作吗？"邢李斌心里没底。但既然组织如此信任自己，那么就不能让组织失望，就要认认真真地把工作做好！就这样，邢李斌开始了两年的驻村工作。

摸底子，熟情况，才能胸有成竹

（一）熟悉村"两委"班子情况

开展工作单靠自己肯定是不行的。在报到后，首先与村"两委"班子认识。在开过见面会后，邢李斌找来村党支部和村委会成员名单，对着名单与每个人进行了谈话，了解每个人的思想情况、工作分工。通过了解得知，这一届的重合村"两委"班子成员，经过换届选举从优秀后备干部中选拔了4位青年进入村委会，整体队伍平均年龄在整个七叉镇中是最年轻的，有3人在读大专，4人能熟练操作电脑。有这样的队伍，让邢李斌对开展好工作增强了信心。

（二）走农户，访民情

重合村委会管辖1个自然村，下辖6个村民小组，1 029人，贫困户76户329人。村子不大，便于熟悉情况。在村书记和"两委"干部的配合下，邢李斌前后利用两个月时间，按照村小组挨家挨户逐一进行走访，对村里情况有了基本掌握。

（三）重点对象重点走访

在熟悉村里情况后，重点对贫困户、低保户、五保、残疾四类人群加强走访。了解和掌握致贫原因、低保纳入情况，并做好建档立卡工作。

沉下身，用真情当好第一书记

在与干部、村民的走访过程中，邢李斌发现了一些问题和情况，他开始在心里思考，渐渐地，对如何开展驻村工作有了一些思路和想法。

（一）沉下身，与群众融成一片

"军民鱼水一家亲，你对群众有多真，群众待你有多真。"驻村短短两年时间，如何尽快与群众打成一片，是开展好驻村工作的基础。为了与村民打成一片，便于开展工作，又不打扰村民生活，他打起背包，住到了村"两委"干部赵权家里。邢李斌也是黎家的孩子，深深了解黎族人家的习惯，黎家百姓生活简朴，干完一天的农活，喜饮饮几杯自家酿的米酒，放松一天的疲惫。所以，每到下午，邢李斌就会约上几个干部，买上菜到村民家，与村民同吃同聊。遇到红白喜事，邢李斌都会赶到现场与村民一起，按照当地风俗一同办理。刚到村里时，得知贫困户杨某因故身亡后，邢李斌第一时间赶到现场，安抚家属情绪，配合公安部门调查，做好亲朋好友解释工作，与家人一起守灵并共同将其送往坟山安葬。这事在村里传开了，村民纷纷私语：新来的第一书记可以呀，遇到这样的事，别人都要躲着走，他却主动参与，看来还是不错的。村民袁进贤与杨某的孩子要结婚，婚礼当天，邢李斌不请自到，让两家的家长大吃一惊。"书记你怎么来了？"袁进贤诧异地问。邢李斌笑着说："你们孩子结婚，这在我们村里已经是几年没有的好事了，我作为书记，你们不请我，也要来祝贺的，不欢迎吗？"袁进贤忙说："欢迎欢迎，只是你是领导，我们也不知道你会不会来，也就不好意思请你了。"就这样，逢每家每户有事，邢李斌都尽可能赶到，与村民同悲伤共欢喜，渐渐得到村民们的认可，真正地与村民融在一起，家家户户有什么事，也愿意听听他的意见。

（二）热心为贫困户解决实际困难

村民邢某某患有食道癌，看病已经花光家里所有的积蓄，儿子又患有精神疾病，女儿在大学读书，家中只有 2 亩甘蔗收入。由于病情严重，医生建议动手术，然而巨大的手术费用却让这个家庭愁云密布。得知这一消息后，邢李斌主动上门了解情况，同时召开村"两委"会议，商讨帮扶措施，先从村委会贫困户活动经费中拨付资金进行帮扶，又主动联系了驻点单位省九三学社，将该户情况进行了说明，争取省九三学社的帮扶，帮助解决 2 万元手术费用，还大开绿色通道帮助解决紧缺病床问题。住院期间，邢李斌联同村委会书记符明财专程到院看望，并多次到家慰问。对此，邢某某的爱人符小兰激动地说："邢书记是个大好人，多谢他对我们家的帮助。"尽管无法挽救邢某某的生命，但是对这一家的帮扶仍然继续。为了解决该户因看病欠下的债务，邢李斌还主动联系保险公司，为其理顺保险理赔事宜，获得 2.5 万元的理赔金，解决了部分欠款问题。同时，由于该户是危房，邢李斌又主动帮助申请解决住房问题。他真正地把实事做到村民的眼里，把好事办到村民的心坎上，将帮扶进行到底。

（三）着力解决村民的实际困难

群众利益无小事。村民袁某某因家中房子漏雨，孩子要上学，生活存在一定困难，多次申请贫困户和危房改造指标，均因不符合条件，申请未果，引发其不满，多次进行上访。得知情况后，邢李斌组织村委会和驻村工作队员进行家访，在核实了该户情况后，现场向袁某某耐心解释，向其说明贫困户及危房改造的政策。同时，答应会帮助解决房子漏雨问题。回来后，经向镇委书记卢维汇报，争取镇政府帮扶水泥3吨，邢李斌自己个人掏腰包采购4桶防水胶，解决了袁某某房子漏雨情况，袁某某表示非常满意。

率先垂范，当好第一书记

（一）率先垂范，提升凝聚力

作为第一书记，既要带头工作，发挥好引导示范作用，又要注重把握方式方法，形成融洽和谐的工作关系。"班子"心齐了，"台柱"搭稳了，才能开展好工作。村委会文书袁海川，在一次会议上，由于工作有分歧，当场与村委会书记符明财顶撞，会后，邢李斌将袁海川留下，并与其开展推心置腹谈心，经过一番沟通，最终袁海川认识到自己的错误并道歉。

（二）以人格魅力提升影响力

驻村后，只要是村里大大小小事务，邢李斌都尽可能参与。村口有一处温泉，村民们干完农活爱到温泉泡泡，但由于不注意卫生，温泉周边环境脏乱差，为确保村民有个良好环境，邢李斌带领"两委"干部，冒着天寒，开展环境卫生整治，得到群众认可。

（三）以优良作风提升执行力

第一书记要把机关的好作风带到农村去，切实提升村组干部执行能力。邢李斌通过组织开展"主题党日"活动、到先进村考察学习等多种方式，帮助党员干部转变观念，解决"散、懒、松"等作风问题，拓宽视野，增强带民致富的能力。老党员邢巨忠长期以来履行党员义务比较散漫，以年满60周岁可以不参加会议为借口拒过组织生活，无事就上镇政府扰乱办公秩序。2017年春节，村委会举行春节文体活动，邢巨忠借着酒劲，干扰正在进行象棋比赛的村民，邢李斌见状上前制止，却遭到他的辱骂，后经村民进行劝阻拉开。遇到这样的刺头，邢李斌并没有畏难情绪，反而多次主动找邢巨忠谈心。通过谈心，邢巨忠转变了思想，不仅积极参加会议，履行党员义务，而且不再上镇政府扰乱办公秩序。

抓产业谋划发展

重合村是少数没有集体经济的村庄，严重制约了集体经济和村民增收。在村口温泉周边有一片水稻田，村民一直种植的早稻128号，但质量不佳、产量不高，经考察，他决定引进质量更好、产量更高的竹稻4号进行种植，发展特色种植"温泉竹稻"，2017年全村铺开种植早晚两造共计440亩，为农民增收88万元。

长期以来，甘蔗种植属低效经济作物，无法带来良好的经济效益，但村民仍然保持种植甘蔗的传统模式。为了打破单一低效的种植模式，转变村民的落后思想，经过商讨，决定通过引进老板承包土地种植新的产业，为村民做示范。邢李斌主动联系老板，承包村里农闲的100多户村民的280亩土地，用于种植毛豆产业。村民获得地租的同时，还可以到地里打零工赚取收入和学习毛豆生产技术。

主要成效

通过产业发展，采取"公司＋贫困户"托管、"合作社＋贫困户"入股的方式，与企业、公司签订协议，合作托管扶贫资金，贫困户获得合作托管金额的12%分红。另外，与一家公司合作，由公司引导贫困户发展种桑养蚕，公司负责收购蚕茧，带领贫困户脱贫。由镇政府引导贫困户15户入股七叉冠盛种养专业合作社和牛养殖，目前存栏和牛86头，价值达68.8万元；贫困户传统自主发展种植甘蔗300亩，产甘蔗量达1500吨，纯总产值达60万元。

思考与启示

2016年刚被选派到重合村驻村时，村民们并不认可第一书记的工作，认为

"驻村第一书记是搞形式，是下来镀金的"，在两年多的驻村工作中，邢李斌通过尽己之力为基层群众办实事、好事，工作开展有了好的基础，真正得到了村民的认可。

其一，第一书记要注重发挥人格魅力，用良好的形象影响一班人，带动全村人。说实话，办实事，求实效，勇于开拓，善于创新，树立求真务实、开拓创新的进取形象。一句话："你积极干了，群众才信你；你把事干好了，群众才服你。"

其二，农村工作事务繁多复杂，涉及面广，要开展好工作，必须想方设法取得村干部和群众的支持。始终坚持一条原则：村民都是善良纯朴的，只要自己始终真心实意对待村民，任何难题都能迎刃而解。

·保亭县·

扶贫战线上的"战士"

——保亭县加茂镇共村驻村第一书记隋耀达

人 物 名 片

　　隋耀达，汉族，中共党员，黑龙江人，1975年生，海南省妇联组织联络部副调研员，转业军人。2016年4月任省妇联驻加茂镇共村扶贫工作队队长。

村庄情况

共村村委会，位于加茂镇西部，距镇政府所在地 10 千米。辖番房村、番由一村、番由二村等 5 个村民小组。该村进村道路为属于水泥路面。全村有耕地总面积 511.3 亩（其中：水田 461 亩，旱地 50.3 亩），主要种植水稻等作物；拥有林地 1 035.5 亩，其中经济林果地 962.5 亩，主要种植龙眼、槟榔经济林果。党员 35 人，其中男党员 27 人，女党员 8 人。

共村全村 177 户 667 人，贫困户 55 户 206 人，贫困发生率 31%，是加茂镇最穷的村。村集体没有任何产业，更谈不上产业收入。当时，村里申请的贷款，银行一律不批，怕还不上。因为没钱办事，村"两委"干部没有威信，凝聚力差。

主要做法

军人出身的隋耀达曾经参加过扶贫，由于夫妻俩都来自农村，他特别想为农民做点事。所以在他女儿 200 天时，他主动报名驻村扶贫，经组织委派，2014 年 10 月至 2016 年 4 月任加茂镇界水村党支部副书记，2015 年 7 月起至今任共村党支部第一书记。扶贫要群众参与，脱贫要产业支撑。立足六个精准，隋耀达用真心、热心、铁心开展扶贫工作。

真心做群众工作

一切工作准备就绪，关键在干部。为了做好群众工作，隋耀达始终坚守群众路线。他认为发动群众、团结群众是打赢脱贫攻坚战的法宝。一是在精准识贫上下功夫。由于参加过 2015 年海南省进村入户调查工作，所以在 2016 年共村贫困户再识别工作上他严格把关，通过讲解政策、发动群众，全年无新增贫困户并成功剔除 3 户，逐渐形成了"脱贫光荣"的风气。二是在转变思想上下功夫。他通过组织农户收看电视夜校、开展讨论，使固化群众解放了思想，通过屏幕看到了山外的世界。他通过组织省妇联一对一结对帮扶、入户座谈、思想感化、电话联络、微信互动、物资帮扶等，与贫困户建立了情同姐妹、亲如手足的感情。他组织贫困户到省内 10 多个市县参观、学习、考察、体验，贫困户"等靠要"思想与日俱减，自主脱贫信心与日俱增。他全年入户与百姓座谈交流达 200 多次，化解群众矛盾 30 起。三是在扶贫宣传阵地上下功夫。通过建设妇女之家、妇女儿童之家、妇女儿童书屋、村图书室，打造文艺队、健身队、志愿队、宣传队，建设宣传栏、张贴宣传画横幅标语、自费建设扶贫宣传墙、开办宣传讲座、收看电视夜校、读书看报、座谈交流讨论，等等，占领精准扶贫宣传阵地，打赢脱贫攻坚舆论战。

热心做民生事业

隋耀达积极协调单位投入和社会爱心人士及企业的支持，帮贫解困、助学慰问。他十上省城，宣传扶贫大业，感动爱心企业、爱心人士携带款物涌向贫困黎乡。一是建立关爱弱势群体机制。由省妇联积极争取中海油 50 万元救助基金落户保亭；协调单位救助大病贫困家庭、大病儿童及贫困母亲共 9 万元；协调单位扶持单亲母亲 2.5 万元建筑材料改善居住条件；帮助村民上户口、到海口取身份证；带村民到海口、三亚看病；申请法律援助；帮助残疾人申请危改资金、解决三轮车；路遇突发事件紧急救助；等等。二是建立助学爱心慰问机制。他协调单位联系社会爱心企业和人士，捐赠助学金和教学、学习、生活、体育、文化用品等款物合计 20 多万元。自 2015 年至今，协调单位建立长期稳定爱心公益机制，联手爱心企业慰问共村近 10 次，累计发放价值 10 多万元的慰问品。三是建立送医送药送健康机制。协调单位定期开展"送医送药送健康"活动，为全村贫困户进行健康体检、义诊、咨询、仪器检查、两癌筛查并多次发放药品。

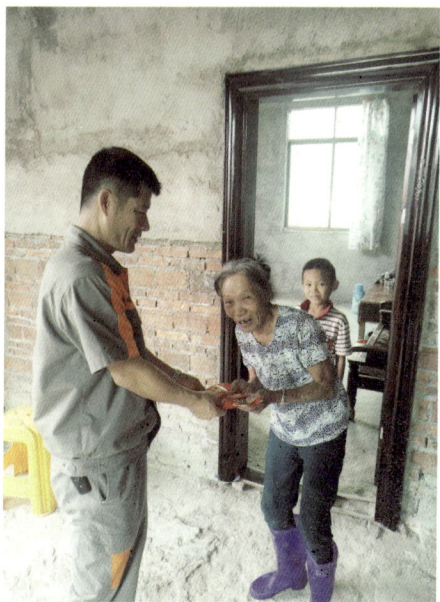

铁心做扶贫产业

产业扶贫是关键，稳固增收才有保障。隋耀达通过在界水村扶贫时养羊成功的经验帮助共村精选脱贫路子。他经过近两年的省内自费调研考察，拟写了 40 页约 3 万字的共村黑山羊扶贫产业可行性报告。同时他带领社员北上北京、南下广东，考察羊业产业链和海南黑山羊种属来源。他自掏腰包并自主驾驶中巴车，分 5 批带领全村"两委"、"三员"、党员和贫困户到省内 10 多个市县考察牧草和黑山羊产业，让贫困户亲自感受和体验。看着隋耀达整天忙碌，有人劝他，去找家企业来做，村民见效益快你也落得个清闲。这事，隋耀达不是做不到，可缺点是难长远。尤其是缺乏技术的贫困户，进企业也不现实。思前想后，隋耀达觉得还是要发动贫困户自主创业。谁都知道这是一件好事，贫困户却犯愁了——银行不放贷，拿什么做资本？隋耀达一咬牙，以个人作为担保，给 55 户贫困户贷款。2016 年 4 月，共村巾帼养殖专业合作社成立，55 户贫困户都成了合作社的股东。为了消除疑虑，村"两委"干部也贷款加入合作社，带领贫困户一起创业。通过能人带动、党员带富，形成了以养羊产业带动贫困户脱贫增收、巩固提升的新路子。

主要成效

通过协调省妇联和县直部门在共村举办了多期种养培训班，同时与海南省农校合办共村农民夜校，并派人到国企华润万宁种羊场学习技术，帮助贫困户提高种养技能。特别是组织贫困户按时收看脱贫致富电视夜校节目，大大提高了农民种养积极性。

通过积极协调单位多方筹措资金发展羊场项目。在省妇联先后投入 60 万元、中共保亭县委宣传部投入 2 万元、加茂镇政府投入 46.8 万元的基础上，省妇联又协调保亭县政府投入 62.5 万元，用以建设羊场。隋耀达还为合作社 50 名贫困户社员担保，由县农行发放了近 37 万元的扶贫小额贴息贷款。他夜以继日，发扬"5+2""白＋黑"的精神，牺牲了无数个双休日，吃住在工地，带领社员奋战了近半年，保证了项目顺利完成。他不断创新、敢于探索，从成立合作社到组织贫困户入社，从对接银行到筹措资金，从项目科研通过到立项、选址、设计、环评、报建，从种草、建设、投产、销售、管理到如今羊场运行良好、生产稳定，从羊场采取以现金和种羊入股到专业化（农民职业经理人团队）管理、股份制经营、理监事会制度领导、年终分红、股权激励等经营模式探索……目前他们正在建设羊业网站和成立羊业协会，远期将辐射周边、抱团入市。通过散放结合，牧草产业和种羊产业齐头发展，带动更多农户腾地种草，形成一村一产业、一村一特色。

截至目前，他在加茂镇扶贫已经是第五个年头了，累计为所驻村争取近 15 个项目，总投入近 1 000 万元。其中省妇联投入款物 100 多万元，隋耀达个人捐款捐物累计 10 多万元，动员社会捐款捐物达 20 万元。先后完成了教育工程、照明工程、饮水工程、乡村文化工程、光纤工程、村道工程、安居工程、健康工程、农田整治工程、扶贫产业工程等 10 项工程。

思考与启示

扶贫产业到底做什么？怎么做？谁来做？谁受益？这些问题不同程度地困扰着当下奋斗在扶贫一线的干部和群众。当下中国相当数量的"空壳村"、党组织软弱涣散村、群众一盘散沙等等困扰着各级党委和政府的农村现状，在扶贫第一线奋战了 5 年的隋耀达对此感触颇深，也摸索出了一些经验。

其一，脱贫靠产业。要充分抓住国家脱贫攻坚 5 年历史黄金机遇期，做大脱贫产业，做强村办企业，发动群众广泛参与，壮大村集体经济，夯实党在农村的

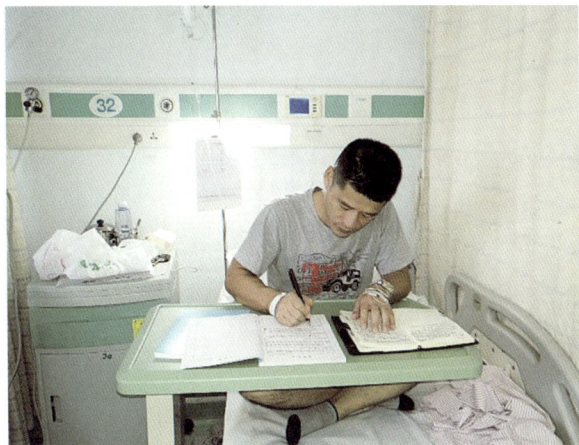

执政基础。坚持集体办社，能人党员带动，贫困户做主，投工投劳，共同管理，风险共担，利益共享。

其二，用好用活村集体土地，清理"三过"问题。农村的财富是土地和劳动力，目前农村大量的集体土地被本村人承包，但是有些地方还存在打了合同不交租金，或租金过低，或不打合同，或者合同不规范，或者有失公平等情况；个别还存在"三过"等历史遗留问题。因此要进行新一轮农村集体土地承包登记制。这些土地如果盘活可以壮大村集体经济收入。

其三，农村大量的劳动力可以因地制宜组建各种专业队伍，成立村集体企业，投入市场经济中，这可为村集体注入一份收益。

·琼中县·

孟田坡村的"羊"书记

——琼中县湾岭镇孟田坡村驻村第一书记叶身宏

人 物 名 片

　　叶身宏，中共党员，大学本科工商管理专业，2004年9月参加工作，现任琼中县国家保密局科员，2017年被派驻湾岭镇孟田坡村任驻村第一书记。

　　驻村期间，他带领村民及贫困户发展黑山羊养殖产业，并通过发展桑蚕、蜂蜜、益智、山茶、阉鸡种植养殖等，逐步走上脱贫致富的道路。

村庄情况

孟田坡村委会位于湾岭镇北部，境内属丘陵台地区，里寨溪流经腹地汇入大边河，下辖 6 个自然村，10 个村小组，以少数民族黎族、苗族人民居住为主，现有农户 186 户 1 218 人，劳动力人口为 642 人，贫困人口 72 户 261 人。村党支部共有党员 57 人，其中男党员 43 人，女党员 14 人。村内基础设施完备，6 个自然村全部已经通电，有文化室 1 间，篮球场 1 个，乡村大舞台 1 个，道路修建基本完毕，仅剩 0.5 千米环村道需要硬化。

孟田坡村以橡胶、槟榔、水稻等传统产业为主，特色产业有种桑养蚕、养蜂等，目前耕地面积 5 076 亩，其中水田 831 亩，橡胶 1 965 亩，槟榔 1 423 亩，绿橙 100 亩。在镇委、镇政府和有关部门的大力支持下，结合实际，立足本地，制定发展规划，大力发展种桑养蚕，促进了村集体经济的发展，目前种桑 373 亩，并建有桑房 60 间，为农民增收提供了良好的保障，里寨一、二队桑蚕业产茧都达到了万斤。

主要做法

抓产业发展，带动脱贫成效显著

究竟该走哪条路子带领村民脱贫，成了叶身宏心中的大石头。近几年橡胶收购价不稳定，但特色养殖业发展前景较好，黑山羊养殖业在琼中是热门产业，只要掌握技术，收益很可观。叶身宏立即带着贫困户们到县内和平镇等发展较快的养羊合作社参观学习。群众对养羊产业都非常认可，但启动资金是一个大问题。叶身宏多次向单位领导汇报，争取帮扶单位出资 47.5 万元，鼓励大家成立黑山羊养殖合作社，抱团发展。万事开头难，资金解决了，"征地"盖羊舍又成了一个拦路虎。"要建羊舍，可贫困户谁也不肯把自家土地租给合作社使用，还是想守着橡胶林过日子。"孟田坡村党支部书记王朝民回忆起当时的情形。最后还是叶身宏拉着村"两委"干部，天天往贫困户家里跑，挨家挨户地做思想工作。

"平时叶书记对我们很好，建羊舍也是为村民着想，用地不多，每年还能拿到 900 元的租金，我得带头配合他的工作。"85 岁高龄的贫困户王月平第一个站出来，为叶身宏解围。看见有人带了头，担心吃亏的贫困户，都纷纷主动让地。

"当初，我觉得养牛利润大，反对村里成立黑山羊养殖合作社，现在想想，是自己缺少集体荣誉感。"贫困户吴志勇说，现在妻子也从外地回来，和他一起加入合作社养羊了。村里的新产业慢慢走上正轨，村民们的生活幸福指数倍增。

抓基础工作，提高村党支部战斗力

一是不断完善各项工作制度。完善"三重一大"制度、民主集中制和民主评议制度，讨论决定问题时，按照少数服从多数的原则办事，对有意见和不同看法的同志，主动谈心，交换看法，消除隔阂，做好党务、村务公开，强化民主监督。推动完善制度上墙，制定实施村规民约、环境卫生门前三包等制度，强化村"两委"干部坐班制，坚持以身作则，主动与村"两委"干部一起坐班，"两委"干部工作积极性得以调动，群众满意度得到提高。

二是加强党员教育管理。建设学习型"两委"班子，落实好"三会一课""主题党日"等制度，定期组织村"两委"干部、村小组队长学习县委、县政府重要文件精神，学习脱贫攻坚政策。注重发展年轻党员，突出对产业带头人、致富带头人和农村有志青年的培养，支持和鼓励其自主创业和带动群众发展，安排参加县里相关部门和镇举办的各类培训班，促其早日成熟、健康成长。在干部作风问题上敢抓敢管、动真碰硬，对 2 名酒后形象不好的党员在党员大会上进行批评教育，对 2 名不履职的村干部进行通报批评，并上报湾岭镇暂停补贴。村党员干部作风得到转变，凝聚力和执行力大幅增强。

抓服务群众，群众满意度大大提高

叶身宏坚持把家安在村里，与村民同吃住同劳作，积极走村串户、与村民交谈了解情况。分别建立"四类人员""非四类人员"结对帮扶花名册，推动村委会办事时间延长至晚上 10 点，村民满意度大幅提升。

为了改变孟田坡村人居环境，在环境卫生整治工作中，带头到村民的房前屋后捡生活垃圾，通过以身作则带动村民参与环境卫生整治。在拆旧工作中，发动"两委"干部、村小组长带头拆自家危旧房，推动了拆旧工作顺利开展，共拆危旧房 31 间，全村危旧房已基本拆除。推动开展"户户通"、全村立面刷白等，目前干塘新村已完成"户户通"建设，全村立面刷白已全部完成，排水沟修建已完成 40%，护土墙修建完成 25%，村庄环境面貌有效改善。

叶身宏主动帮助群众解决难题，只要他了解到贫困户存在困难，都第一时间协调解决。在得知坎坡村低保贫困户郑智忘记买米，无米下锅时，及时送去食物。并为其失业的妻子王秀玉介绍工作，与乌石学校协调解决其儿子郑和、郑科的校服与生活费问题，督促两个孩子按时报名上学。加顶坡村民周裕书患有心脏病，在海口治疗自付费用将近 10 万元，家庭无力维持，他发动驻村干部和帮扶责任人捐款 3 500 元，并主动向湾岭镇、县民政局和红十字会等单位了解救助政策，帮助申请医疗救助、临时救助和低保，全力帮助其家庭渡过难关。

他注重丰富群众业余娱乐生活。每晚 8 点在村委会组织跳竹竿舞活动，为来参加活动的村民提供跳舞训练指导，并为广大村民提供绿豆汤消暑等服务，参加跳舞和观看跳舞的村民人数不断增加，村民业余生活变得丰富，认同感和满意度不断提高。同时，积极化解调解矛盾纠纷，今年以来带领村"两委"干部上门化解群众间的矛盾纠纷、土地纠纷共 16 起。

主要成效

其一，发展黑山羊养殖产业。全村共有 6 个养殖中心，建起 54 间羊舍，吸纳 47 户贫困户抱团发展，按照"村集体＋合作社＋贫困户"发展模式，合作社提供种苗、技术，贫困户出劳动力，最后再按比分红。短短半年时间，合作社已有羊 260 多只。

其二，今年以来，共为村民和贫困户解决实际困难 100 多件，用实际行动赢得全村群众的认可。

思考与启示

2017 年 3 月，叶身宏被派驻到孟田坡村担任驻村第一书记，从机关单位到基层一线，身份的突然转变，让他一度迷茫。虽然扶贫政策早已烂熟于心，但不了解村里实际情况，帮扶政策落地时就难免会不够精准。驻村的第一个星期，他就跑遍了孟田坡村内的 6 个村小组，与全村贫困户"认亲戚"，了解各家各户的致贫原因，倾听村民想法、分析市场需求、考察特色产业。在叶身宏的心里，他觉得一年多的驻村，经常感受群众的喜怒哀乐，倾听他们的呼声，尽自己的微薄之力为他们办点实事好事，看着他们从贫穷到生活过得好、过得幸福，心里就会充满成就感，越来越踏实，觉得这一切的付出都是值得的。

老骥伏枥　志在脱贫
——琼中县营根镇朝参村驻村第一书记陆京学

人物名片

　　陆京学，1963年生，海南琼中黎族人。1987年7月参加工作，1991年4月加入中国共产党，现任琼中县人大常委会农村经济工作委员会主任。2015年以来，陆京学先后担任过营根镇大朗村委会、百花村委会、朝参村委会驻村第一书记，是一名基层工作经验丰富、善于做群众工作、扎根于基层一线的老干部。

村庄情况

朝参村委会隶属琼中县营根镇，地处营根镇西南边，距县城中心 18 千米，交通便捷、民风淳朴、生态环境优美。下辖 3 个村民小组，包括朝参新村、朝参老村、什仲扭村，共 138 户 548 人，其中，中共党员 26 人，村"两委"干部 5人，建档立卡贫困户 41 户，已脱贫 22 户，目前还剩 19 户贫困户。全村现有耕地总面积 422.2 亩，人均耕地 0.77 亩，农民收入以种植、养殖、务工为主，2017年度人均收入 9 362 元，村集体经济收入 3.3 万元。

主要做法

2017 年 6 月 23 日，因工作需要，陆京学临危受命从营根镇的百花村调整到朝参村任驻村第一书记。

敢于啃硬骨头，推动整村脱贫推进

为了便于开展工作，陆京学把家安在了村委会办公室。陆京学说："群众哪里有需要，帮扶干部就会随时出现在哪里。驻村干部就是要用真情实意，尽心尽力去为群众服务。"来朝参村的第一天，他就了解到现在村里的头等大事，就是整村推进工作。可 50 多岁的贫困户王进胜说什么也不肯把土地让出来。他身有残疾，腰部还留有年轻时被猎枪击中后残留的弹药。就是因为身体不好，没有什么劳动能力，王进胜对自己这唯一一块的占地 0.68 亩的地非常看重，这块地有70 年产权，他担心被征用了以后他就没有了地，没有了生活保障。可村里面的宅基地就那么几亩，如果王进胜不让出来，整村推进的规划就做不了。为此，陆京学第一时间找到王进胜。"进胜啊，我是第一书记，昨天刚来报到，听说你这块地不肯让村里搞建设，影响整村推进工作规划，你是怎么想的，可以和我谈谈吗？"面对找上门的驻村第一书记，王进胜态度强硬："这块地我是不可能让的，让出来我就没地方种东西了，我从一开始就考虑很多了，反正我不同意就是不同意，这块地是我有林权证的，如果你们动，那我就要告你们的。"陆京学心里明白，王进胜是想用这种态度逼退自己，可王进胜的工作做不通，村里的整村推进工作就没办法开展，村民们也不能顺利住进新房。陆京学没有别的办法，他只能一次次地劝说王进胜，王进胜在家，陆京学就跟着去，王进胜去地里，他也跟着去。终于，陆京学锲而不舍的态度动摇了"老顽固"王进胜，他的态度没那么强硬了，答应让出 2 米的地来，虽然不是全部，但总好过一点进展也没有。为了不耽搁整村推进工作，陆京学让挖掘机进了场。王进胜虽然答应了，但是心里还时时打着退堂鼓，他天天都在现场盯着。果然，几天后王进胜就和挖掘机师傅杠上了，挖超过 2 米后，王进胜就发火不让挖了，挖掘工作被叫停。

对紧急赶来的陆京学，王进胜也没给好脸色。陆京学又给王进胜详细地讲解了一遍，为什么会挖超过 2 米、朝参村整体情况和整个规划、对村建设的影响等都一一分析给他听。可王进胜丝毫没有听进去这些大道理。陆京学明白，此时的王进胜已经陷入一种固定思维里，他必须借助其他力量和王进胜沟通。他找来王进胜在外地当村干部的哥哥，经过家人的劝说王进胜做出了让步——他提出让村里补一块地给他作为补偿。以地换地是大事，可不是第一书记拍板就能换的，必须召开村民大会，三分之二以上的村民表决通过才可以。思来想去，陆京学召开了他平生第一次主持的村民大会。可是，面对王进胜换地的要求，村民们都不买账，认为王进胜能换地，那大家也要换，所以绝大多数群众都不同意，事情陷入僵持。

陆京学只能进行心理疏导，可王进胜虽然听得进去，但土地的事他还是咬紧牙关，迟迟不表态。陆京学实在也想不出更好的办法来说服王进胜了，他除了跑的次数更多，就是更加关心王进胜的生活起居。陆京学的坚持和无微不至的关心终于打动了王进胜，最终同意只收取几千元的青苗补偿款把地让出来。就这样，王进胜这块"硬骨头"终于让他啃了下来。

善于处理纠纷，化解群众矛盾

2017 年 12 月 25 日，村里来了一群不速之客，执意要拆除村里的活动板房，当时活动板房里还住着 14 户村民。这群人村民并不陌生，他们是村里原先负责整村推进项目的施工方，由于资质能力不够，工程又不能承包给他们，施工方之前给工人盖好的板房，现在被村民住了进去。施工方认为活动板房是自己建设的，现在既然不给他们承包了，那么已经投入搭建板房的钱，政府就要还给他们，不然就得拆掉。气势汹汹的施工方不顾村民的阻拦，已经拆下了四五个窗户。村民一致认为这是政府盖给村民住的，为什么又来拆，激愤的村民们，已经准备动手阻止施工方。眼看事情一发不可收拾，围观的村民赶紧通知村党支部书记、村委会主任王进轩，并且报了警。王进轩收到消息后，第一时间拨打了陆京学的电话，此时的陆京学正在县里开会，得到消息的他，心急火燎地往村里赶，并让王进轩第一时间赶到现场，先安抚群众和施工方的情绪，不能让事件继续恶化，如果发生打斗，那可能升级为刑事案件。到达现场的王进轩没料到事情远比他想的更严重，同时到达的派出所民警也控制不了场面，有些村民已经守在好几个路口，准备打架了。

陆京学到达现场后，现场的氛围竟然像化学反应一样，瞬间发生了变化。一方面，在陆京学的动员下，施工方、村干部、居住在活动板房的村民代表，围坐在一起商讨解决方案。另一方面，他联系营根镇党委书记，汇报相关工作情况，了解事情原委。陆京学一开口，就赢得了施工方的好感，他首先对施工方的遭遇表示同情并进行安抚，因为他们从海口来了 8 次，都拿不到资金。施工方大倒苦水，希望这位驻村第一书记能够帮他解决遗留问题。陆京学换位思考，站在施工方和乡镇的角度为他们解决问题。经过积极协调，乡镇答应给施工方钱，可刚好年底，财政正在封账，乡镇不能及时拨款，施工方一听又急了。陆京学给出了一个合理的方案：由陆京学负责监督开户，监督把钱给施工方，并且要求施工方不得再拆活动板房。陆京学向施工方详细分析完这些利弊关系后，施工方最终同意了这个方案，但要求陆京学个人和他们签协议，帮助讨要施工费用，陆京学欣然答应了，一场剑拔弩张的干戈就这样化成了玉帛。答应了施工方，陆京学可不是在敷衍，他积极到乡镇的相关部门追进度，终于在过年前让施工方领到了钱，让这个事情得到了完美的解决。

引导发展产业，激发内生动力

整村推进工作得以有条不紊地实施，陆京学又开始操心起贫困户脱贫致富了。为了更快融入贫困户，陆京学经常到田间地头和他们交流，一起谋划发展。

年纪大的贫困户不太懂填写报建材料、贷款申请，陆京学就都把这些活包揽下来。

贫困户们有养猪经验的，陆京学就想办法给他们发猪苗。如村里的贫困户王进英养殖了一头母猪，除此之外，靠外出打工维持整个家庭的运作，没有别的收入。陆京学找王进英谈心，帮他申请14头猪苗，还带着帮扶干部帮他一砖一瓦地建好猪舍，现在王进英有一头母猪，还养了14头小肉猪，技术员时常上门，帮他给猪打针、配料，王进英觉得生活越来越有盼头。"过些天这肥肥胖胖的14头黑猪就可以卖了赚钱，之前修建房子跟信贷社借的欠款很快可以还清了。"贫困户王进英笑呵呵地说，陆书记来了以后，还引导自己加入养猪合作社抱团发展，单加入养猪合作社他就已经拿了3 600元的分红款。

有养鸡经验的，陆京学就想办法给他们带来鸡苗。这个鸡苗和村民自家养殖的可不一样，下的鸡蛋是绿色的。绿壳鸡蛋在市场上卖2块钱一枚，而普通土蛋鸡1块钱一枚。陆京学认为，绿壳蛋鸡养殖技术不高，下的蛋质量比土鸡蛋高一倍不止，市场需求又大，完全可以作为带动贫困户脱贫的利器，于是他动员全村的贫困户养殖绿壳蛋鸡，并且还在村里开辟了一个专业的场地，搭建鸡舍，打算引进绿壳蛋鸡鸡苗。

主要成效

在陆京学的积极努力下，朝参村的整村推进工作得以顺利进行，3个村小组共有104户危房进行改造，全村房屋外立面充满黎族文化元素，由国道进出村子

的道路扩宽了，村民的居住环境有了很大的变化，脱贫致富的劲头也足了。"琼乐高速有个匝道口就在村子附近，可以说村子有着巨大的区位交通优势。"陆京学说，他要带领村民通过山中的林间栈道、绿道骑行、鱼塘垂钓等方式发展乡村旅游，吸引更多游客到村子里来，让村子更美、村民更富。

思考与启示

敢于啃硬骨头、爱说群众语言的陆京学，还经常组织全村党员开展"三会一课"，给群众上党课。一年来，陆京学的脚步踏遍了朝参村的每一寸土地，他发现村里的生产道路路况很差，种植的东西要靠人力一担担往下挑，他就往县里写报告说情况争取解决。发现问题，他永远都在解决的路上。陆京学说第一书记担子不重是假的，担子很重，既然县委把他放到这个地方，他就服从组织安排，坚持党的领导，永远把群众放在心里，切实结合本地实际，尽己所能，带领朝参村的群众脱贫致富。

·白沙县·

"输血"变"造血" 铸就长效脱贫路

——白沙县阜龙乡可任村驻村第一书记王志恺

人物名片

　　王志恺，党员，硕士研究生学历，海南省临高县人，海南省委统战部工商经济处副处长，白沙黎族自治县阜龙乡可任村驻村第一书记。自2015年7月任第一书记以来，王志恺根据可任村的实际情况，制定了"主、特、长、短"种养结合脱贫方案，建立了"政府＋合作社＋贫困户"模式，建立产供销一体化秀珍菇基地，贫困户收入得到大幅增长。

村庄情况

可任村下辖 6 个村民小组，6 个自然村，包括可任一村、可任二村、红岭村、白准村、打堆村、打立村。是省委统战部扶贫点，共有 328 户 1 425 人，2015 年底建档立卡扶贫户 116 户，贫困人口 502 人，贫困发生率 35.2%。

主要做法

以党建引领，促进村里各项工作有序开展

2016 年 2 月 23 日，在村干部、村民为庆祝村党支部被评为县级五星党支部的聚会上，连任四届的可任村委会党支部书记符焕南用力在王志恺脸上"么"了一口。这位年逾五旬德高望重的老书记和三十出头的驻村第一书记紧紧抱在一起，内心的激动可想而知。

王志恺刚到任时，村党支部班子带动发展能力不强，党员普遍老化。这引发了他的担忧和思考：当第一书记在时，可以利用自身资源为村子找资金、拉项目，当第一书记离开后，谁来继续帮村子？贫困面貌会不会回到原位？"以党建带扶贫、以扶贫促党建，留下一个永不走的工作队很关键。" 王志恺首先采用"请进来"和"走出去"战略，请海南省委统战部下属单位职教社到村里来进行实用农技和电子商务培训，同时带村"两委"成员到其他市县参观学习。其次，不断提升班子的凝聚力和战斗力，一方面是开展各类文体活动，培养团队精神和合作意识；另一方面是有"好事"让村干部去做"好人"，拉近他们与村民之间的距离，激发他们的工作热情。

为了打造村民心中"永不走的工作队"，在王志恺建议下，可任村健全驻村工作队制度，让驻村工作队队员与贫困户"结对认亲"，在结对帮扶过程中做到"同吃，同住，同劳动，同拍'全家福'"，同写《扶贫手册》。公布第一书记和驻村干部的联系方式，公布驻村工作职责和工作目标。当然村干部去贫困户家吃饭

要交"伙食费"。干部与贫困户之间像家人一样沟通感情。

扶真贫，真扶贫，时刻心系困难群众

"开学报名时记得提醒老师填小孩入学证明，填完带回村里盖章能申请助学补贴。"这日中午，王志恺在走村入户核实帮扶成效，当路过低保户符运精家时，不忘嘱咐他为孩子申请助学补贴。熟识王志恺的人，都夸他是尽职尽责的"扶贫大管家"。他搭建平台，引进资源鼓励村民抱团做大做强特色扶贫产业。"只要是发展产业的好点子，资金的事不用愁，村党支部会想办法！"正是王志恺这句掏心的承诺让村民符日寿成了远近有名的"脱贫之星"。前些年，符日寿养殖黑山羊，但因缺乏发展资金，产业一直做不大。王志恺得知这一情况后，联系符日跃等 4 户贫困户，将 16 只"扶贫羊"委托给符日寿养殖管理，每年领取固定分红。如今，符日寿管理着 60 多只黑山羊，养殖效益十分可观。

在阜龙乡阿成养殖专业合作社秀珍菇种植大棚里，脱贫户符玉姨等人忙着采摘新鲜的秀珍菇。"要不是王书记来了，秀珍菇基地可能到现在还只是小打小闹。"合作社负责人高桂成回忆，秀珍菇基地 3 年前刚起步时，年产量仅为 4 万袋。对此，王志恺积极建议省委统战部机关党委发动党员参与爱心认筹，共有 106 名党员认筹了 11 万余元秀珍菇产品。与此同时，上级扶贫部门还帮扶扩建了食用菌种植场，并安排百余户贫困户入股合作社。如今，该合作社秀珍菇年产量增至 40 万袋，年产值达 300 多万元。

阜龙乡黑猪肉小有名气，但过去由于贫困户缺乏养殖技术，养猪效益偏低。王志恺到可任村后，积极引导养猪大户符运理成立白沙同心理丰养殖专业合作社。由政府负责建设猪圈、沼气池，提供猪苗等物资，合作社统一饲养和销售，贫困户入股合作社并参与养殖，除工资外，每年还有分红。目前，入股至该合作社的 24 户贫困户已全部脱贫。

志智双扶，牵线搭桥，当好脱贫致富引路人

"扶贫先扶志，提高贫困户自我'造血'能力很关键。"在王志恺看来，精准扶贫好比一道算术题，首先，要懂得做好"加法"，利用农产品、劳务等多种渠道增加村民收入；当然，也要学会做好"减法"，基层扶贫工作注重实效，得善于减去繁文缛节，让精准帮扶直达田间地头以及产业基地；还得学会做好"乘法"，村党支部要扶持农村致富带头人发挥乘法倍数效应，鼓励贫困户抱团发展做大做强产业；最后，还得懂得做好"除法"，做足贫困户思想工作，发挥榜样带动效应，剔除村民"等靠要"思想，以及改变酗酒、赌博、懒散等恶习。

符焕贺曾是可任村委会白准村的贫困户，曾经的他因腿部残疾而失去生活的斗志。他的妻子身体不好，两个幼小的孩子嗷嗷待哺，一家人时常吃完上顿愁下顿。针对符焕贺的情况，王志恺打起了"思想游击战"，几乎天天去符焕贺家里做思想工作，引导符焕贺参加村里的种养专业合作社、参加脱贫致富电视夜校等。经过一段时间的鼓励，符焕贺竟主动申请政府羊苗，还盖了羊圈。如今，政府发放的 5 只羊苗已发展成 13 只，数量还在继续扩大。去年，符焕贺不仅摘掉"穷帽"，还被选为白准村小组副队长。

平日里，王志恺积极组织村民举办文艺活动，与村民一起打篮球，一起探讨"脱贫经"，把村民从酒桌上、牌桌上拉出来，丰富他们的业余生活。"拔出'穷根'非一日之功，产业、教育、医疗、住房等，一个不能落下，得靠多驾'马车'拉。"

"只要你有脱贫想法和决心，剩下的事情交给我来办！"面对村民们在产业发展资金、技术短缺方面的诉苦，王志恺总是这样坚定地回答。一句"交给我来办"，远不是口头承诺这么简单。自到任以来，王志恺走村串户了解村民们的想法，不仅通过牵线搭桥拉到 270 余万元的产业发展资金，也让农业龙头企业心甘情愿地在白沙扎下根来。短短 3 年，一个个特色扶贫产业，如同一粒粒种子，不仅在可任村这片土地上成长、结果，还在村民心里生发出致富动力。

在可任村委会红岭村，贫困户符德运所在的"同心·理丰"养殖专业合作社，是红岭村 25 户贫困户脱贫的希望所在。但在一年多前，养猪赚钱还只是一个简单的想法。"没资金、没技术，只是个念头。"符德运说，就是这个念头，在王志恺的牵线下，发展成了如今规模化的养殖场。"没资金，就得靠我去'拉赞助'。"通过与派出单位以及乡政府的协调，20 万元产业发展资金注入到了合作

社的初期建设里。资金到位，村民们的干劲也足，在当地产业能人的帮助下，红岭村贫困户迅速找到了养猪脱贫的路子。

大多是坡地的可任村，种植着大面积的橡胶，茂密胶林里"藏"着一座占地60亩的现代化黑山羊繁殖基地。"别看基地不大，整个阜龙乡乃至周边乡镇，不少合作社都从这里买乳羊。"合作社负责人葛正强笑道，要不是王志恺盛情相邀，自己也不会在这里扎下根来。初到可任村时，王志恺便意识到，若无大企业扎根当地，产业发展也十分缓慢。利用手头的资源，王志恺挨个接触有能力、成规模的养殖企业，最终与葛正强的企业达成共识，在可任村搞起了黑山羊养殖。"政府做服务，企业安心搞发展，与企业合作，不如拉企业扎根。"王志恺说，企业主导成立大合作社，不仅能在当地形成集群效应，贫困户还能直接用劳动力、资金入股，可谓一举多得，而葛正强的企业也在与村民的互利共赢中抢占了当地市场。可并不是所有的产业能人都愿意到白沙来扎根，别人不愿来，那就培养自己的产业带头人。借着村级"两委"换届的机会，王志恺把可任村及周边村委会走了个遍，与村干部们聊产业、听想法，根据发展可行性，努力把一个个产业发展想法变为现实。

主要成效

经过近两年的发展，可任村选优配强了党支部干部队伍，可任村2015年、2016年、2017年连续三年被评为"白沙黎族自治县五星党支部"，同时获得县"基层党组织先进单位"等荣誉称号。在王志恺的努力下，可任村建档立卡的116户贫困户中，已有114户的人均年收入超过了国定贫困线。

思考与启示

第一书记派出单位要与被帮扶方多沟通

帮扶单位开展工作大都依据《海南省省派单位定点扶贫工作考核办法》，虽

然也制定了《年度帮扶工作计划》，但一些单位形成了调研慰问、修路装灯等惯性思维。贫困地区最缺的是科学谋划能力、企业市场资源、教育医疗资源。省直机关单位行业资源突出、协调关系广泛，帮扶工作应聚焦贫困地区的紧缺。被帮扶地区不能认为"你帮我更好，不帮也无所谓"，要主动向帮扶单位汇报需要帮助解决的问题，形成你来我往的沟通机制，真正结为"亲家"。

第一书记要扮演好定位角色

省里出台了《海南省驻村第一书记管理办法》《海南省贫困村驻村工作队选派管理办法》等相关文件，明确了驻村干部的主要工作职责等。有些挂职干部不想融入，认为自己的主业还在原单位，"什么都不干——不够意思""什么都干——你什么意思"，那就"干一点——意思意思"；有些干部又大包大揽、思维过于超前，不尊重地方客观实际，仓促上马的项目难以推进或者后期管理跟不上，挂职结束后被帮扶方又回到原状。其实，第一书记应做到精准定位。

要积极改变地方的精神风貌

针对贫困户脱贫意愿不强、脱贫信心不足、"等靠要"思想严重等问题，在开展物质扶贫的同时，也应该开展以"扶志""扶智""扶德"为主要内容的精神扶贫，外力帮扶与内生动力相结合、精准攻坚与持续后发相支撑、家风弘扬与乡风教化相促进。帮扶责任人应该在精神帮扶上"虚功实做"、绵绵用劲、久久为功，切实从根本上助推贫困户脱贫致富。

勇当先锋　做好表率　奋战脱贫攻坚第一线
——洋浦经济开发区三都区颜村驻村第一书记吴朝盛

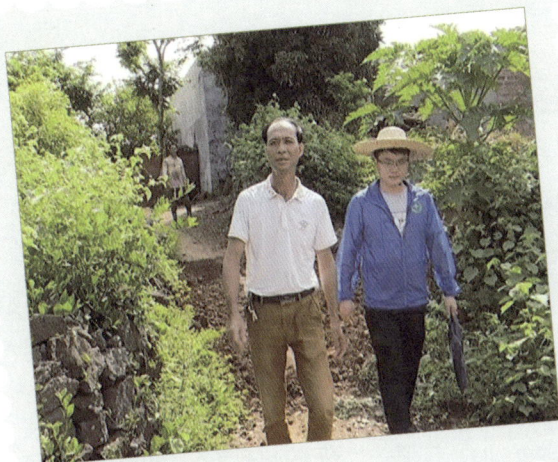

人物名片

　　吴朝盛（图右），1989年生，中共党员，硕士研究生学历，2015年参加工作，2018年4月被洋浦工委组织部选派到颜村任驻村第一书记。如今，颜村村委会已成为洋浦脱贫攻坚扶贫工作示范村，2017年以前建档立卡的20户贫困户已经全部实现脱贫。

村庄情况

颜村村委会共有 9 个自然村，分别为颜村、庙坊村、西离村、迪锡村、那宣村、学坊村、羊宅村、试堂村、八邦村。总户数 597 户，总人口 3 125 人，常住人口 2 850 人，流动人口 275 人。村"两委"干部共 7 人，中共党员 33 人。群众生活主要来源：外出务工、种植水稻、种甘蔗、养鸭、养鸡。

主要做法

2018 年 5 月吴朝盛接到组织任命，担任颜村村委会驻村第一书记，此前他是洋浦安监局一名雇员，而如今，却变成了贫困户们口中的吴书记。上任前一天，他刚和妻子举办完婚礼，还在甜蜜期的他没有度蜜月，没有休婚假，甚至还没来得及送走女方家属就踏上驻村的征程，从此，他开始了吃住都在村里、和妻子两地分居的生活。只有在晚上，忙碌了一整天的吴朝盛才能用手机和妻子视频一会儿聊表歉意。"既然决定不顾一切来驻村扶贫，那就要干出个样子来。"为此，吴朝盛采取了一系列举措：

一是打通精准扶贫"最后一公里"。担任第一书记以来，吴朝盛接到的第一项大任务就是颜村村委会 9 个自然村贫困户的大排查工作。他和村干部们一起，"白＋黑""5+2"，挨家挨户排查，确定家庭人口、收入，仔细甄别贫户家庭，同时对于 2017 年底已脱贫的贫困户逐户确定真脱贫、不返贫。20 多天夜以继日地工作，终于完成了颜村 9 个自然村 597 户 3 125 人的拉网式排查，做到应纳尽纳，不漏一户，不落一人。

二是以就业为主导、以产业为支撑。吴朝盛一直按照洋浦工委管委会的扶贫工作思路开展工作，全力推进贫困户就业。在驻村工作期间，他几乎每天都到贫困户、低保对象家走访，了解家庭情况、贫困户劳动力特长、就业意愿等，并将贫困户的就业需求和情况及时反映给就业局和帮扶单位，帮助贫困户劳动力实现就业。

　　三是积极动员全部 33 户贫困户参与光伏和苗圃扶贫项目，确保贫困户家庭增收。此外，还通过"公司＋农户"的方式种植黑冬瓜，由公司出资，村民小组提供租赁土地和组织农户劳动力投工投劳，壮大集体经济，带动贫困户家庭增收。

　　驻村以来，他主要围绕党建促脱贫、促扶贫工作开展，虽然驻村工作很辛苦，但是觉得很值得，作为一个共产党员，就是要努力地帮助贫困户，帮助他们发家致富。2018 年，颜村村委会新纳入 13 户建档立卡贫困户，脱贫攻坚工作任重道远。下一步，他将要开展精准帮扶，建立一个帮扶措施项目库，制订 2018 年到 2020 年的帮扶计划，然后按照帮扶计划项目库把政策、实惠逐一落实到每一个贫困户身上，让他们能走上持续脱贫致富的道路。

主要成效

　　一是在党建工作上有效推动了颜村党支部党务规范化建设，在农村党员干部群众中树立了踏实干事、勇于担当的形象。

　　二是倾力解决贫困户住房安全、基本医疗和义务教育"三保障"问题。

　　三是协调帮扶单位与就业企业签订共建就业岗位协议，确保贫困户就业的稳定性和长久性，实现稳定就业人数达到 40 人。

思考与启示

　　第一书记要充分发挥自身特长。吴朝盛同志虽然驻村时间短，但能很快融入工作中，较快地摸清了村情户情，与驻村工作队及村"两委"一道，为颜村各项事业的发展不懈努力。自他上任以来，主动作为，踏实干事，坚持以习近平新时代中国特色社会主义思想为指导，牢固树立"四个意识"，坚定"四个自信"，自觉做到"两个坚决维护"，努力与农民群众融为一体，充分发挥所学之长，为农民群众服务，得到了区党委、村"两委"和村民们的认可。

后 记

激发贫困户内生动力，志智双扶是有效脱贫的关键之一。针对贫困群众"受穷不急、信心难立、脱贫无方"等问题，海南省扶贫开发领导小组决定，整合广播电视、远程教育站点、互联网、移动终端等资源，发挥媒体快捷、直观、群众喜闻乐见、教育面广等传播优势，开办海南省脱贫致富电视夜校。

2016年10月，海南省脱贫致富电视夜校（以下简称"电视夜校"）工作推进小组成立，省领导任组长，省委组织部、省委宣传部、省扶贫办、海南广播电视大学、海南广播电视总台为副组长单位。电视夜校办公室设在海南广播电视大学，由海南广播电视大学党委书记任办公室主任。电视夜校采用"电视＋夜校＋服务热线"的模式，以快捷直观的教育方式，普及扶贫知识、提升脱贫能力、宣传诚信感恩，变"要我脱贫"为"我要脱贫"。电视夜校的同志在策划制作"电视夜校专题"的过程中，走访了大量的驻村第一书记、村党支部书记、农村致富带头人与贫困户、边缘户，被这些脱贫攻坚第一线的人们深深感动，在中共海南省委组织部、省扶贫办与各市县委组织部、扶贫办的支持下，编辑《海南脱贫攻坚与乡村振兴系列丛书》来记录"脱贫攻坚这一特殊时期做出特别贡献的人群"。该系列丛书最初想以通讯、报告文学等新闻类文体来写，后来经过反复考虑，决定以"案例"的形式来编写，一是能更为全面真实地再现"海南脱贫故事"；二是能增强系列丛书的史料性、探索性、可借鉴与可复制性。

电视夜校日常工作负责人曾纪军同志为系列丛书的策划与执行主编。系列丛书在忠实各市县提供的素材的基础上，不做任何艺术加工，只做文字与结构上的处理，按照案例写作的一般要求编撰而成；引用的数据及文字资料，截止到2018年底。

省委组织部组织二处的同志，从组织收集材料、撰写指导等方面做了大量的工作；各市县提供了大量鲜活感人的材料，在此深表感谢！

海南广播电视大学党委书记

2020年4月8日